KB237645

미래의 독자

최윤정 비평집

최윤정 비평집
미래의 독자

펴낸날/ 2004년 1월 9일

지은이/ 최윤정
펴낸이/ 채호기
펴낸곳/ ㈜**문학과지성사**
등록번호/ 제10-918호(1993. 12. 16)

서울 마포구 서교동 363-12호 무원빌딩(121-838)
편집/ 338)7224~5   FAX 323)4180
영업/ 338)7222~3   FAX 338)7221
홈페이지/ www. moonji. com

ⓒ 최윤정 2004. Printed in Seoul, Korea

ISBN 89-320-1472-8

* 지은이와 협의하여 인지는 생략합니다.
* 잘못된 책은 바꾸어드립니다.

미래의 독자
최윤정 비평집

문학과지성사
2004

자유를 사랑하고 차이를 존중하는
모든 독자들을 위하여

내가 사랑했던 책들

올해로 어린이 책을 들여다보기 시작한 지 꼭 10년이 된다. 10이란 숫자가 특별한 의미가 있는 건 아니지만 10년이면 강산도 변한다 했는데 우리나라 어린이 책도 정말 많이 변했다. 10년 전에는 어린이 책을 사러 나가면 정말 이렇게밖에 안 되나, 하는 짜증스러움에 머리가 아팠다. 그런데 지금은 또 다른 이유로 머리가 아프다. 책이 너무 많고 너무 고급스러운데, 종이 재질이나 디자인, 일러스트만 그렇다는 생각 때문이다. 그뿐 아니라 아이들에게 책을 읽혀야겠다는 사명감만 가진 사람도 너무 많아 보인다. 지금 당장 시내 대형 서점에 나가서 몇 시간만 서 있어보라. 각종 '목록'을 들고 와서 '주문'하고 카드로 '결제'만 할 뿐, 그 책의 겉장도 한번 만져보지 않고 한 아름씩 안고 가는 '엄마'들을 쉽게 구경할 수 있다. 많이만 읽히면 되는 걸까? 아니, 도대체 아이들은 책이라는 걸 그렇게 많이 읽어야만 할까?

지금은 책벌레가 되거나 책과 관계된 일의 전문가가 된 사람들 중 아무도 어린이 책을 요즘 아이들처럼 많이 읽지 않았다. 이유는 단순하다. 우리가 어릴 때는 어린이 책이라는 게 거의 없었으니까. 그런데 그들은 어떻게 그렇게 되었을까? 이 대답 역시 간단하다. 그들은 책을 발견했고, 책을 좋아했기 때문이다. 아이들에게 가르쳐주어야 하는 것은 이런 것이다. 책을 많이 공급해준다고 해서 아이들이 다 책을 좋아하게 되는 것은 아니니까. 책은 때로 신기하다는 생각이 들 만큼 좋은 것이다. 고작(?) 종이 위에 적힌 낱말들에 불과한 책에 빨려들어 울고 웃는가 하면 일상이 흔들리도록 불안하기도 하며 이름을 알 수 없는 병에 시달리던 영혼이 치유되기도 하니까. 그뿐인가, 책은 내가 손을 뻗기만 하면 언제나 거기에 있고 절대로 우리를 배반하지 않는다. 시간이나 기분이 달라서 자꾸 어긋나고 만날 수 없는 '사람'과는 달리.

지난 2년여 동안 쓴 글을 한데 모았다. 교정지를 받아드는 심정이 착잡했다. 평론이나 번역을 해오면서 나는 내가 불행한 독자가 되어 있다는 사실에 무척 우울해 있기 때문이다. 다시는 순수한 독자로 돌아갈 수 없으리라는 예감은 정말 나를 슬프게 한다. 어떤 텍스트도 아무 생각 없이 읽을 수 없게 되어버렸기 때문이다. 그런데…… 자신이 쓴 글을 읽기 싫어하는 나는 이 교정지를 읽으면서 미처 예상하지 못한 이상한 변화를 느꼈다. 내가 예상했던 것은 감옥처럼 나를 가두는, 정말 싫은 나 자신의 시선이었는데 정작 내가 만난 것은 이 텍스트들을 읽으면서 행복했던 기억들이었다. 그래서 두어 번 반복되는, '뭔가를 좋아하면 말이 많아진다'는 표현을 없애지 않고 그냥 두었다. 같은 표현을 여러 번 하는 것은 무엇에도 좋은 일이 아니지만 정말이지 이 글들은 내가 좋아한 것들에 관한 말 많음이기 때문이다.

유년 시절을 돌아보아도, 사춘기 소녀 시절을 돌아보아도 나는 한 번도 어린이였던 때가 없는 것처럼 기억된다. 그런데 50이 다 되어가는 지금, 어린이 책을 읽으면서 그 속의 아이들을 발견하고 아이들의 인식 수준과 정신 상태가 나의 그것과 닮아 있다는 걸 종종 느낀다. 그러면서 뜬금없이 인생은 때로 이렇게 공평하기도 하다는 생각이 든다. 누구에게나 자기 몫의 유년, 청년, 노년이 있는데 사람들이 다 그것을 순서대로 살지는 않는지도 모른다는 생각이 든다. 결국 나는 내가 살지 못했던 유년을 아주 잃어버린 것이 아니라 지금 살고 있는지도 모르겠다. 이런 깨달음은 뜻밖의 선물처럼 나를 행복하게 해준다.

이 원고를 읽은 어떤 편집자가 내게 조언을 했다. 대상이 된 그림책, 저학년, 고학년 책의 안배가 고르지 않을 뿐 아니라 '이번에는' 창작 동화에 대한 글이 너무 많다고. 다시 들여다보니 아닌 게 아니라 그렇다. 그동안 우리 어린이 문학이 성장하고 변화하는 걸 지켜보면서 내가 가장 커다란 문제로 생각했던 것이 신인이 별로 눈에 안 띈다는 점이었다. 하지만 세상에 태어났다가 사람들에게 그런 책이 있는지조차 알리지 못하고 사라지거나 어딘가에 묻혀 있는 책들이 사실은 얼마나 많은가! 몇몇 책들은 금방 유명해지지만 대부분의 책들은 그 유명한 책들이 만들어내는 그늘 때문에 좀처럼 눈에 띄지 않는다. 나는 그동안 서평을 써야 할 때마다 그렇게 그늘에 가려진 책들을 뒤져보려고 애를 썼다. 정말로 신인이 없는 것이 아니라 어딘가에서 좋은 책을 낸 신인들은 우리 손이 닿지 않는 곳에 있을지도 모른다는 막연한 기대감을 가지고. 그런 기대는 자주 배반당했지만 가끔은 충족되기도 했다.

나는 독자들이 부디 이 책을 '좋은 책 목록'으로 여겨주지 않기를 바란다. 제목을 '미래의 독자'라고 정한 것도 그런 까닭이다.

책을 읽는 사람들은 대부분 괜찮은 사람들이다. 우리는 우리의 아이들이 자라서 무엇이 될지 알 수 없지만 정말 괜찮은 사람이 되도록 도와줄 수는 있다. 우리 아이들을 미래의 독자로 만들려면 우리가 체험하는 독서의 즐거움을 아이들에게 전염시켜야 한다. 감각이란 배워서 가질 수 있는 것이라기보다는 옮는 것이니까…….

마지막으로 한마디 변명을 덧붙여야겠다. 이 책 속에는 내가 번역했던 몇 권의 책에 들어 있는 역자 후기가 있다. 같이 모아서 읽어보니 다른 글과는 달라서 좀 생뚱맞게 느껴지기도 한다. 그럼에도 불구하고 그 글들을 빼지 않기로 했다. 왜냐하면 여기 실린 글들은 내가 좋아했던 책들에 대한 기록인데 내가 번역한 책들은 사실 내가 가장 좋아했던 책들이어서 얼굴도 모르는 그 작가들을 생각하면 왠지 미안한 마음이 들기 때문이다. 그동안 여러 지면에 글을 쓰면서 내 이름이 들어간 책이나 내가 기획에 참가한 책은 서평 대상으로 삼지 않으려고 노력했다. 그런데 이제 와서 생각하니 그것도 다 헛된 욕심이다. 공정하고 싶은 욕심! 이제 그것으로부터도 자유로워지고 싶다.

2003년 12월, 연남동 하얀 사무실에서

최윤정

그림책

성교육과 그림책

『엄마가 알을 낳았대』*

'남녀 7세 부동석'에서부터 '원조 교제'에 이르기까지 한국인의
성에 대한 모럴과 풍습은 참으로 무쌍하게 변하고 있다. 그 와중
에서 아이들을 키우는 부모라면 누구라도 불안하지 않을 수 없
다. 그러나 무엇을 어떻게 해야 할지 또렷하게 방향이 서지 않는
다. 막연히 아이들로 하여금 제 스스로 자기 몸을 지킬 줄 알도록
가르쳐야겠다는 생각이 들 뿐이다. 그래서 성교육 애기가 등장한
다. 그림책에까지.

생물학적인 지식 전달에서부터 형이상학적인 가치관 정립에
이르기까지 복잡한 임무를 수행하려는 그림책들이 심심치 않게

----

* 배빗 콜 글 · 그림, 고정아 옮김, 보림, 2003.

눈에 띈다. 그런데 그런 책들은 대부분 재미가 없다. 할 말이 너무 분명해서 그런지 다들 표정이 굳어 있다. 그림도 글도 너무 직설적이어서 예술성을 찾아보기가 힘들다. 더러, 있는 그대로 설명한다고 '아빠와 엄마가 함께 자는' 장면을 그대로 그려놓기도 하는데 아이들의 정서에 가 닿을 리 만무하고 어른들이 보기에도 민망할 때가 많다. 이런 책들은 표지에서부터 '성교육' 그림책이란 걸 강조하고 있는데 교육적이라고 내세우는 모든 책들이 그렇듯이 도대체 재미가 없다.

왜 이렇게 되는 걸까? 그럼에도 불구하고 왜 많은 부모들과 교사들은 아이들에게 성교육 그림책을 읽혀야 된다고 생각하는 걸까? 아이들은 그런 어른들의 태도에서 무엇을 읽는 것일까? 반면에, 아이들이 알고 싶은 것은 무엇일까? 아무리 해도 성에 대해서는 아이들의 관심과 어른들의 관심이 방향이 잘 안 맞는 것 같다. 그게 성교육에 대한 그림책들이 대부분 성공적이지 못한 이유인 것 같다. 성에 대한 교육을 책을 통해서 한다는 것도 아무래도 썩 훌륭한 발상은 못 되는 것 같다. 하물며 대여섯 살 아이들이 보는 그림책을 성교육에 연결시키기란 더욱 어려울 것이다.

이렇게 실망스럽고 억지로 꿰어맞춘 것 같은 성교육 그림책들 가운데 무릎을 탁 치게 하는 그림책이 하나 있다. 아, 그러고 보니 이 책에는 여느 책들처럼 '성교육'이란 표시가 없다. 하지만 아기가 어떻게 생기는지를 알려주는 책이니 우리의 관심사인 '성교육 그림책'에 분류해 넣을 수 있는 책이다. 배빗 콜의 작품인 『엄마가 알을 낳았대』라는 그림책인데, 아기가 어떻게 해서 생기는지를 알려주는 것은 물론이고, 아이들에게 성교육을 해야 한다는 어른들의 강박관념을 뒤집어 보여주는 것이 얼마나 재미있는지 모른다.

아이들을 키우다 보면 가르쳐주지 않은 것을 아이들이 얼마나 많이 알고 있는지 깜짝깜짝 놀랄 때가 있다. 『엄마가 알을 낳았대』에 나오는 아이들도 그렇다. 부모들은 의무감에 사로잡혀 "자, 애들아, 이제 너희들도 알아야 할 때가 되었어. 아기가 어떻게 생기는지 말이야" 하고 시작해서 온갖 황당한 얘기들로 자신들이 '아기를 만드는' 장면을 가르치려 든다. 성에 대해서 어른들이 어떤 생각을 가지고 있는지 단적으로 보여주는 예이다. 사탕을 빨고 초콜릿을 깨물면서 엄마 아빠의 어릿광대 놀음을 구경하는 아이들의 모습은 어른들이 단순한 문제를 얼마나 복잡하게 풀어가는지 보여준다.

엉뚱한 얘기만 늘어놓던 작가는 끝부분에 가서야 '알, 씨앗, 튜브, 구멍, 엄마 아빠가 힘을 합친다' 등등의 단순명쾌한 아이들(작품 속 등장인물) 언어와 마냥 행복한 아이들 그림으로 사랑과

임신과 분만을 전혀 사실적이지 않은 방법으로 그러나 아주 정확하게 그려놓는다. "보세요, 모두모두 그런걸요!" 하는 아이들의 말 한마디에 집 안으로 가득 달려드는 말, 소, 돼지, 사슴, 개, 고양이, 토끼, 오리, 닭 들의 귀여운 모습과 얼굴이 빨개진 엄마 아빠의 모습을 담은 그림은 '아기를 만드는' 일이 얼마나 생태계의 리듬을 따르는 자연스러운 일인지를 유쾌하게 보여준다. 이처럼, 뒤집어보면 훨씬 잘 보일 때가 있다.

순간의 포착

『물 한방울』*

공부라는 말은 어쩐지 지루해 보인다. 아이들이 학교를 싫어하는 것도 다 공부 때문이다. 학교 안 가겠다며 가끔씩 떼를 쓰는 아이들을 보면서, 내가 지나온 학창 시절을 생각하면서 나는 이런 생각들을 늘 당연하게 여겨왔다. 그런데 배운다는 것은 정말 재미없는 일일까? 얼마 전부터, 좀더 정확히 어린이 책을 읽으면서 이런 의문이 생겼다. 그리고 점점 더 그게 아니라는 확신이 생기고 있다. 아니다, 새로운 것을 알아간다는 것은 본질적으로 기쁨에 속한다. 미지의 세계로 나아가는 기쁨이 어찌 탐험가에게만 있으랴!

----

* 월터 윅 글·그림, 박정선 옮김, 소년한길, 2002.

가르치는 방식에 따라서 아이들의 지적 호기심은 한껏 자극을 받는다. 아이들을 제대로 가르치는 멋진(그런 책은 예외 없이 멋지다!) 책을 보면 어른인 내게는 가벼운 흥분이 인다. 아, 어제 읽은 『물 한방울』도 그런 책이었다. 물에 관한 과학책이라는 사실을 알았을 때, ‘물’과 ‘과학’이라는 낱말을 동시에 떠올린 내 의식은 어느새 30여 년 전의 교과서를 뒤적이고 있었다. 그리고는 부끄럽게도 고작 ‘H_2O’ ‘표면 장력’을 생각해냈을 뿐이다. 그리고 21세기를 살고 있는 어른인 내 의식에는 ‘물’이라고 하면 곧바로 폐수 방출, 죽어가는 물고기들, 생태계 파괴, 화학 세제 남용 등등의 낱말과 함께 더러워진 산천이 떠오르면서 우울해진다. 결국 내 의식의 파장은 물의 본질과는 상관없이 나를 둘러싼 환경의 문제들에만 가 닿는 것이다. 당연하다. 보통 어른인 나는 ‘나’의 삶과 관계없는 문제나 현상에 대해서 별로 생각해볼 기회를 갖지 못한다. 그러면서 ‘본질’들과 멀어지는 것이다.

그런데 『물 한방울』의 표지를 보는 순간, 이상하게도 감동이 일었다. 정말 한 방울의 물이 거짓말처럼 대상으로 다가오면서 내 눈길을 잡아끄는 것이다. 표지를 들추면 깊은 푸른색 면지를 지나 하늘빛 글자로 또다시 되풀이되는 제목을 지나, 이 책은 이런 물음으로 독자를 조용조용 유혹한다.

“……내가 이 그릇에 담긴 물에 손가락을 담갔다가 들어올리면, 손가락 끝에 반짝이는 물방울이 달려 올라옵니다. 여러분은 이 물방울이 어디에 있었는지 알겠습니까? 이 물방울은 어떤 변화를 겪었으며, 지구상에 물이 있었던 긴 세월 동안 무슨 일을 해왔을까요?"

몇 가지 실험을 통해 물의 여러 가지 상태나 성질을 보여주는 이 책을 들여다보고 있으면 내 속 어딘가에서 아, 하는 탄성이 터져나온다. 그것은 발견의 기쁨이기도 하지만 또한 아름다움에 마음을 빼앗기는 소리이기도 하다.

'아름다운' 그림책들은 이제 책방에만 가도 실컷 볼 수 있게 되었다. 그래서 그런지 웬만한 그림책에서는 쉽게 행복한 충격을 받지 못한다. 그런데 이 책에는 뭔가 다른 것이 있다. 그림이 아니라 사진으로 되어 있기 때문이다. 사진을 찍어본 사람들은 안다. 우리가 날마다 보고 있는 사물과 풍경들은 결코 고정되어 있지 않으며 우리의 눈에는 보이지 않지만 시시각각 변화한다는 것을. 카메라 렌즈는 그 이미지들을 몇백분의 1초 속에 가두어 우리에게 보여준다. 우리 눈이 볼 수 없는 것을 보여주는 것이다. 지은이가 책 말미에 밝혔듯이, 물방울의 여러 가지 모습이 "불가능하거나 있을 수 없는 일이 일어난 것처럼" 보이는 깃은 사진 조작이 아니라 "자연의 힘이 작용한 결과"이다. 백여 년 전에 어린이를 위한 과학책들에서 나왔던 '아주 간단한' 몇 가지 실험 과

정을 찍은 것뿐인데도 『물 한방울』이 신비롭게 다가오는 것은 사
진이라는 새로운 표현 기법 때문이다. 새로움은 때때로 그 자체
가 가능성이다.

세상은 공정하지 않다

『따귀는 왜 맞을까』*

어린이 책 중에서도 그림책 출판이 차지하는 비율이 가장 높다고
한다. 이는 상대적으로 '공부' 부담이 덜한 어린아이들을 위한 책
이기 때문에 그런 것이 분명하지만 그에 비례해서 그림책 마니아
들도 꾸준히 늘어나고 있다. 이런저런 모임을 만들어 그림책에
대한 공부를 하는 사람들도 많고, 인터넷에도 그림책을 전문으로
하는 사이트들이 여럿 생겨났다. 아이들을 둔 부모나 교사가 아
닌데도 그림책을 즐기는 사람들도 차츰 늘어나고 있다. 그런 만
큼 그림책의 질도 당연히 나날이 좋아지고 있다. 진근대적인 그
림책이 발붙일 땅이 점점 줄어들고 있다. 아울러, 그림책은 유아

----

* 페터 아브라함 글, 게르트루드 쭉커 그림, 강석란 옮김, 국민서관, 2002.

들만 보는 것이란 인식도 변하고 있다. 아예 유아들이 보기 좀 힘든 그림책, 가령 글이 많다거나 내용이 좀 어렵다거나 하는 그림책들도 점점 늘어나고 있고, 초등학교 저학년 교사들 중에는 그림책 읽어주는 선생님들도 하나 둘 생기고 있다. 다행한 일이다. 아이들이 행복해지는 일이니까.

'따귀'라니. 제목부터 충격적이다. 하지만 아이들 입장에서 보면 사실 따귀를 맞는 것처럼 느닷없는 폭력을 당할 때가 많다. 사람은(동물도 그렇겠지만) 자기보다 약한 존재에게 폭력을 가하게 되어 있는 모양이어서 여자나 아이들이 종종 뜻 없는 목표물이 되곤 한다. 사실 무엇을 잘못해서 받는 체벌이라면 회초리로 종아리나 엉덩이 또는 손바닥 등을 맞겠지만 따귀는 순간적인 충동에 의한 것이어서 더더욱 무슨 잘못에 대한 벌이라고 이해하기 어렵다. 이 작품은 독자들로 하여금, 언제나 사랑을 듬뿍 베풀어주는 엄마, 아빠로부터 갑자기 따귀를 맞은 꼬마 생쥐가 화를 참지 못하여 집을 나가고 화분을 걷어차는 사건을 계기로, 사실 따지고 보면 우리 모두가 옳지 않게 행동하는 때가 얼마나 많은가를 깨우쳐준다.

세상일은 우리가 배운 대로, 혹은 당연히 그렇게 되어야 하는 대로 되지 않을 때가 참 많다. 인간의 감정이 관여하는 일은 더더욱 그렇다. 가족이나 친구나 이웃처럼 가까운 사이일 때 더

더욱 사람들은 감정을 조절하지 못한다. 그것을 아이들에게 어떻게 설명하랴! 우리들의 영리한 생쥐 로버트도 당연히 이해하지 못한다. 늘 하던 군것질 장난을 두고 엄마는 '버릇없는 녀석!'이라며 화를 내고, 언제나처럼 장난으로 수학 시험을 못 봤다고 속이자 아빠는 "얘가 우리한테 거짓말을 하네, 세상에, 부끄러운 줄 알아!"라며 따귀를 때린다. 매일 되풀이되는 똑같은 장난에 극과 극의 반응을 보이는 로버트 엄마, 아빠의 행동은 독자도 이해하기 힘들다. 하지만 화가 나서 옥상으로 올라간 로버트는 까치를 만나고, 같은 반 친구를 만나서 엄마 아빠가 기분이 아주 나빠질 만한 이유를 알게 된다. 결국 자기가 화분을 걷어찬 것도 화가 난 탓이니까 '누구나 가끔은 공정하지 않'다는 것을 깨닫게 된다. 그리고는 정말 '공정하지 않'게도 엘리베이터 장난을 하면서 전차 기사 아저씨와 경비 아저씨를 화가 나 펄펄 뛰게 만들고 엄마, 아빠한테로 도망친다. 그림도 흑백인데다가 화내고 야단맞고 때리는 장면이 많지만 참 유쾌한 책이다. 경험을 통해서 결국은 이해하게 되니까. 그렇지 않으면 어떻게 설명할 것인가, 복잡하기 짝이 없고 전혀 합리적이지 않은 인간의 마음을!

우리는 평화를 원한다

『곰인형 오토』*
『시냇물 저쪽』**

전쟁이 계속되고 있다. 세계적으로 엄청나게 일어나고 있는 반전 여론에도 불구하고 부시는 전쟁을 감행하고 우리 정부는 파병안을 놓고 난감해하고 있다. 연일 신문에는 폭격에 피해를 당한 아이들의 사진이 실린다. 최후 통첩 소식을 들었으면서 어리석게도 일말의 희망을 버리지 않았건만 미군은 바그다드에 폭격을 가했다. 그 소식을 들으면서 내가 떠올린 것은 어느 인터넷 사이트에 올라와 있던 열세 살 이라크 소녀의 글이었다. 전쟁고아가 되거나 병원에서 서서히 죽어가거나 불구가 되지 않고 폭격에 맞아 그 자리에서 죽는 것을 최고로 운 좋은 것으로 생각하던 그 아이

----

* 토미 웅거러 글 · 그림, 이현정 옮김, 비룡소, 2001.
** 엘즈비에타 글 · 그림, 홍성혜 옮김, 마루벌, 1995.

30

의 글은 읽는 이의 가슴을 파르르 떨리게 만든다. 이젠 아이들도 전쟁이 현실이라는 걸 안다. 그런 아이들에게 책이 무슨 소용이랴! 책처럼 무기력한 것으로 평화를 설파할 수 있다고 생각하는 것은 전쟁이 현실이 아닌 시절에나 가능한 일이다. 많은 책들이 전쟁이 얼마나 어리석은가를 보여주는 데 만족한다. 그리고 풍자를 사용하기 때문에 종종 유쾌하기까지 하다. 그러나, 그러나…… 인간에게 전쟁은 무엇보다 공포이며 불안이고 차마 아이들에게 보여주기 어려울 정도로 끔찍한 충격이며 상처이다. 유혈이 낭자한 사진 앞에서 아이들의 눈을 가릴 것인가. 이 문제는 서서히 어린이 책 작가들의 화두가 되고 있다.

토미 웅거러의 『곰인형 오토』와 엘즈비에타의 『시냇물 저쪽』은 방식은 다르지만 전쟁이 일으키는 재난에 대해서 얘기하는 그림책이다. 『곰인형 오토』의 첫 장면에는 곰 인형 하나만 그려져 있다. 오른쪽 머리 윗부분은 보라색 잉크 얼룩이 있고, 온통 꿰맨 자국에다가 가슴께에는 구멍까지 뚫린 채 우울한 듯, 심각한 듯한 표정을 한 곰인형이 클로즈업된 그림. 그 속에 벌써 많은 드라마가 숨겨져 있다. 곰인형은 예쁘고 귀여운 게 보통인데 왜 이럴까? 아이들의 호기심을 한껏 자아내는 주인공이다. 게다가 '골동품'이라거나 '늙은 거'라는 낱말이 더 많은 곡절을 암시한다. 줄거리를 자세히 살펴보면 엄청난 드라마다! 겨우 30여 쪽 되는 그림책 속에 이렇게 많은 이야기가 들어가 있다는 것이 믿어지지 않을 만큼. 시간적으로도 한 인간의 유년기에서 노년기에 이르기까지 긴 세월을 담고 있고 충분히 사실에 근거한 유럽의 역사를 재현하고 있다. 이에 비해서 『시냇물 저쪽』은 전쟁을 통해 이데올로기가 사람을 갈라놓는 모습을 상징적으로 보여준다. 그림도 『곰인형 오토』와는 달리 해석의 여지를 남기는 기호는 전혀 없고 콜라주를 이용해 단순화시켜 다소 추상적으로 보인다. 하지만 "전쟁을 영원히 쫓아버릴 순 없단다. 가끔 잠을 자게는 할 수 있지. 전쟁이 잠을 잘 때는 다시 깨어나지 않게 모두들 조심해야 한단다"와 같은 금강이 아빠의 대사에서 볼 수 있는 것처럼 작가는 전쟁에 대해 다분히 현실주의자적인 태도를 취하고 있다.

이처럼 두 작품이 다 아이들을 내세우는 것은 아이들의 눈높이를 맞추고자 하는 의도 이외에도 평화의 상징인 아이들이 전쟁이라는 폭력과 좋은 대비를 이루기 때문일 것이다. 본래 이데올로기로부터 자유로운 존재인 아이들에게 전쟁에 대해서 어떻게 얘기할 것인가? 『시냇물 저쪽』은 아이들을 희망으로 내세운다. "아이들은 전쟁을 깨우지 않"는다고 말하면서, 전쟁이 만든

가시 울타리에 구멍을 내고 금강이와 초롱이, 전쟁으로 갈라진 두 아이를 만나게 하면서 평화의 꿈을 꾼다. 그 꿈은 아름답지만 아득하게 멀어만 보인다. 그에 비하면 『곰인형 오토』는 전쟁을 치르고 살아남은 자의 시선을 통해서 전쟁을 기억한다. 유대인, 독일군, 흑인, 가난한 사람들, 중산층 사람들, 여자와 남자와 아이…… 피부색으로 종교로 혹은 가진 자와 못 가진 자 그리고 남성과 여성 혹은 아이와 어른으로 분류할 수 있는 수많은 사람들이 만들어내는 드라마를 곰인형 오토는 온몸으로 살아낸다. 그저 묵묵히 바라다보면서. 전쟁의 상흔을 담아내는 그 담담한 시선은 전쟁이 선량한 개인들의 일상에 어떠한 영향을 미쳤는가를 웅변보다 훨씬 절절하게 얘기해주고 있다.

이 전쟁들은 이미 오래전에 지나갔기에 책 속으로 들어올 수 있었다. 그런데 지금은 또 다른 전쟁이 진행 중이다. 그 현재형의 생지옥이 신문의 1면을 충격적으로 장식하고 있는 지금, 아름답기까지 한 이런 그림책들을 누구에게도 들이밀 마음이 영 나지 않는다. 그런 내 마음을 알기나 하는지 아침 신문을 흘깃 쳐나본 5학년짜리 아들 녀석이 이렇게 말한다. "전쟁이 났는데 우리는 뭘 하고 있는 거지?" 아이의 말에 부끄러움이 밀려오는데 어느새 텔레비전 앞에 앉아 뉴스를 보는 아이의 입에서 '앗싸!' 하는 소리가 난다. 놀라서 보니, 모래바람 때문에 미군이 불리해진다는 소식이다. 아, 저 아이는 텔레비전 속의 전쟁이 게임이 아니라는 걸 확실하게 알고 있는 건지 걱정이 된다…… 우리는 평화를 원한다. 우리는 평화를, 평화를 원한다.

일러스트와 동화의 만남

『고양이』*

현덕의 유년 동화를 사진에 비유하자면 접사(接寫) 촬영이란 말
이 떠오른다. 카메라 렌즈를 길게 빼서 촬영 각도를 줄이고 노마
와 똘똘이, 영이, 그리고 기동이의 몸짓을 하나하나 따라가노라
면 아이들 노는 모양이 살아난다. 렌즈를 촬영 물체에 가까이 갖
다 대면 배경이 보이지 않는다. 그렇듯이 우리의 노마와 똘똘이
와 영이와 기동이에게도, 그 아이들이 어떤 아이들인지 알 수 있
는 배경이 없다. 마치 정형시처럼 느껴지게 만드는 단순하고 반
복적인 언어와 구조로 이어지는 짤막한 연작 동화들 속의 그 아
이들은 서로 다른 개성을 가진 인격체라기보다는 하나의 농심이

------

* 현덕 글, 이형진 그림, 길벗어린이, 2000.

라고 하는 것이 옳을 것 같다. 1938년에 씌어진 「고양이」는 그 연작 동화들 중의 한 편이다. 그리고 원래는 그림책이 아니었다.

그림책은 그림으로 이야기를 만들어가는 책이다. 그래서 그림 없이도 완벽했던 작품을 그림책으로 만들어서 성공하기는 쉽지 않다. 원래는 그림책이 아니었던 옛이야기나 단편 동화가 그림책으로 재출간되는 경우가 많다. 그러나 사실, 얼마나 많은 일러스트레이션들이 글을 통해서 독자들이 각자의 마음 속에 떠올렸던 개인적인 이미지들을 배반하는가. 일러스트레이터의 해석에 따라서 그림은 글을 풍부하게 만들기도 하고 정반대로 제한적인 이미지로 고정시켜버리기도 한다. 이형진이 그린 『고양이』는 다행스럽고도 보기 드물게도 전자의 경우에 속한다. 그는 현덕의 글을 상당히 정확하게 해석하고 자신의 그림으로 소화해내었다.

책의 앞과 뒤의 면지(面紙)에 그려진 집과 담과 마당과 나무를 제외하면 본문 중에는 '배경'이라고 할 만한 것이 거의 없다. 온통 노마와 영이와 똘똘이(이 작품에는 기동이가 나오지 않는다) 뿐이다. 이 세 아이들의 몸짓과 표정 그리고 가끔씩 아이들 뒤에 겹쳐 그려진 고양이를 보고 있으면 현덕의 문체가 이형진의 시각 이미지로 바뀐 것 같은 착각이 일어난다. 그뿐이 아니다. 세 쪽에 걸쳐서 밋밋하게 적혀 있는 원래 동화(「고양이」, 『너하고 안 놀아』)의 글들이 여러 개의 장면들로 적절하게 나뉘자 '고양이 흉

내내기'가 훨씬 긴박감 있는 놀이처럼 보이고 음악성도 한층 살아난다.

　현덕의 유년 동화는 당시 동화로서는 드물게 아이들을, 본래의 모습대로 밝고 건강하게 그리고 있다. 그 점이 그의 작품을 시대성 속에 함몰되지 않게 만들어주는 요인 중 하나일 것이다. 그리고 이처럼 시대를 뛰어넘는 일러스트레이터와의 만남으로 인해 이 작품은 독자들에게 새로운 현재로 다가오기도 한다.

자연의 일부

『곰이 살 데가 없어졌어요』*

한 편의 서정시 같은 수채화 혹은 수채화 같은 서정시로 몇 가지 객관적인 사실을 말한다면 왠지 썩 믿음이 가지 않을 것이다. 그런데 『곰이 살 데가 없어졌어요』를 읽으면 정확히 그런 느낌이 든다. 이 작품은 곰, 그중에서도 피레네 산맥의 갈색 곰에 대해서, 그들이 처한 위기에 대해서 말하고 있다. 다시 말하면, 인간의 자연 파괴 때문에 곰들에게 생기는 위험에 대해서 말하고 있다. 동물에 대해서 말하는 어린이 책은 수도 없이 많고, 환경에 대한 염려도 요즘엔 가장 뜨거운 주제 중의 하나이다. 그런데도 이 책은 다르다.

----

* 콜레트 엘렝스 글, 클로드 뒤브와 그림, 윤정임 옮김, 파랑새어린이, 1998.

우선, 이 책을 펼치는 독자는 곧바로 깊고깊은 피레네 산 속으로 들어가는 기분을 느끼게 된다. 묽게 칠해진 투명 수채화의 옅은 색채 변화가 전하는 숲속의 봄, 여름, 가을, 겨울. 그 시간들을 살아가는 한 쌍의 곰 파피옹과 페스툰을 만나게 된다. 이들 두 마리 곰 이외에 그림에서 볼 수 있는 것은 바위와 나무와 돌과 하늘, 흐르는 물과 구름, 어린 풀들과 낙엽과 바람과 눈이 전부다. 그렇게 이 한 권의 그림책은 독자를, 조용해서 숙연함마저 느껴지는 자연의 한복판에 푹 빠뜨려놓는다. 개발, 관광, 밀렵 등의 다양한 목적을 가진 인간들은 '글' 속에만 등장한다. '포장 도로' '기계들' '포장지' '사람들 소리' '관광객 사진' '땅이 무너지는 듯한 무시무시한 소리' '밀렵꾼' 정도의 낱말로. 그 낱말들은 그림 속에 언뜻 눈에 띄지 않는 흔적을 남긴다. 연초록으로 깨어나는 봄의 숲과 비슷한 색깔의 포클레인으로, 희미하게 그려진 깡통이나 비닐 혹은 카메라 같은 오브제들로, 그리고 깊디깊은 계곡, 한 점 핏자국으로 남은 파피옹과 밀렵꾼의 싸움으로…….

파피옹과 페스툰은 인간을 모르는 것 같다. 아니, 그들에게 인간은 존재하지 않는 것 같다. 사람을 경계하고, 사람과 맞서는 혹은 반대로 사람과 우정을 나누는 동물들은 동화 속에 얼마나 많이 등장하는가. 그런데 이 피레네 산맥의 곰들은 인간을 미워할 수 있을 것 같지 않다. 그 무구한 몸짓에 이끌리는 독자들은 우리도 그들처럼 자연의 일부라는 생각이 든다. 그리고 그들이 처한 위기에 가슴이 아리고 몹시 미안한 생각이 든다. 할 수만 있다면 그들을 보호해주고 싶어진다. 무엇보다도 그들에 대해서 알고 싶어진다. 그런 독자들을 위한 배려인 듯, 별로 설명이 없는 이 이야기가 끝나는 곳에 전문가가 쓴 곰에 대한 몇 가지 지식이 정리되어 있다.

명절 이야기 그림책

『솔이의 추석 이야기』*
『손 큰 할머니의 만두 만들기』**

추석이 다가온다. 설과 추석, 가장 큰 우리의 명절이다. 명절은 아이들에게 무엇으로 다가올까? 학교에 가지 않을 뿐 아니라 일터에서 자유로워진 어른들이 아이들에게 더욱 너그러워지고 흩어져 살던 친척들이 모여서 북적대는 바람에 들뜨고 신나는 날, 설이든 추석이든 아니면 또 다른 날이든 아이들에게 명절이란 그런 날이 아닐까 싶다. 각각의 명절은 그 의미가 다르고 고유의 풍습도 다르지만 아마도 아이들에겐 그런 구분이 없고 흥겨움만 있을 것이다. 두 권의 그림책 『솔이의 추석 이야기』와 『손 큰 할머니의 만두 만들기』는 그 점을 잘 보여주는 작품들이다.

----

* 이억배 글 · 그림, 길벗어린이, 1995.
** 채인선 글, 이억배 그림, 재미마주, 1998.

이 두 작품은 많이 비슷하면서도 또 많이 다르다. 우선 그림 작가가 같다. 그래서 시각적 이미지 자체가 동질감을 느끼게 한다. 그 다음, 『솔이의 추석 이야기』는 추석, 『손 큰 할머니의 만두 만들기』는 설에 대한 이야기이지만 이 두 작품이 다 명절의 풍요로움을 그리고 있다는 점이 같다. 그러나 그것을 그리는 방식은 사뭇 다르다. 『솔이의 추석 이야기』는 현실적이다. 추석 전날 명절을 맞이하는 거리 풍경 묘사가 그렇고, 고향에 가서 친척들을 만나고, 차례를 지내고, 성묘를 하고, 농악을 구경하고, 달맞이를 하고, 햇곡식과 과일을 싸들고 돌아오는, 모범적인 모양의 추석 치레가 그렇다. 재미있는 것은 전체 19컷인 이 작품에 담긴 그림의 거의 3분의 1에 달하는 6컷이 '귀성 전쟁'을 그리고 있다는 점이다. 성묘, 농악, 달맞이가 교과서적이지만 우리의 사실적 일상은 아닌 데 비해, 명절에 고향 가는 일이 '전쟁'일 수밖에 없는 현상은 피곤한 우리의 현실이 아닌가. 그러나 이 작가는 그 '전쟁' 마저도 즐거운 것으로 만들어놓는다. 아이를 둘 낳고도 여전히 새색시 옷인 초록 저고리 다홍 치마를 입은 솔이 엄마나 색동옷을 입은 솔이, 기저귀 가방을 어깨에 메고 양손에는 선물을 든 정장 차림의 솔이 아빠 모습이 그렇고, 버스 터미널에 길게 늘어선 줄 속 사람들의 설레는 몸짓들이 그렇고, 주차장을 방불케 하는 고속 도로에서도 짜증내거나 우거지상을 한 사람들보다는 대화하고 장난치고 심지어 밖에 나와 라면도 사먹고 운동도 하는 사람들이 만들어내는 풍경이 그렇다.

　사실적이냐 아니냐는 논외로 하더라도, 이처럼 『솔이의 추석 이야기』는 지극히 일상적인 풍경을 담고 있다. 그와 반대로 『손 큰 할머니의 만두 만들기』는 일상이라는 제약을 아무렇지도 않게 벗어난다. 손이 큰 할머니의 '엄청 많이'와 '엄청 크게'가 보여주는 과장의 세계는 유쾌한 한 판의 놀이 마당이다. 그리고 그 유쾌함은 많은 부분 그림에서 흘러나온다. 사실, 숲속 외딴집에 혼자 사는 손이 큰 할머니가 설이 다가오자 모든 동물들을 다 불러서 만두를 '엄청 많이' '엄청 크게' 만들어서 다 같이 나눠 먹는다는 단순한 채인선의 이야기는, 극적인 반전이 있는 것도 아니고, 마음에 와 닿는 구절이 있는 것도 아니고, 처음부터 끝까지 '만두'를 중심으로 반복적으로 전개되기 때문에 밋밋할 뿐이지만 이억배의 그림은 이 이야기에 익살과 유머를 보태고 있다. 작품 전반에 퍼져 있는 '엄청 많이'와 '엄청 크게'라는 다소 지루한 과장법은 시각적 이미지에 의해서 매번 새롭게 그리고 흥겹게 테어난다. 할머니기 머리에 이고 양 옆구리에 끼고 기는 열 개기 넘는 소구리와 채반과 내아와 함지박, 펼친 양면에 화면을 분할하지 않은 채 그린 김치, 숙주나물, 두부, 고기 등의 만두 소를 마련하는 네 개의 컷, 화면에 겨우 밑바닥의 일부만 보이는 만두 소를 버무릴 함지박, 사다리를 놓고 올라가야 하는 그 함지박과 또 가마솥, 숲속 동물 모두가 둘러앉고도 자리가 남는 '커다란 만두'…… 이 모든 '커다란' 이미지들에는 언제나 할머니와 숲속 동물들의 웃는 얼굴과 재미난 몸짓들이 곁들여져 있다. 잘된 일러스트레이션은 이처럼 글의 의미를 확장시키기도 한다. 그림책은, 글과 그림이 서로의 의미를 증폭시키는 효과를 낼 때 비로소 이야기만 있는 책들이 보여주지 못하는 풍성함을 보여준다.

『솔이의 추석 이야기』가 추석의 풍습을 빠짐없이 보여주고 있는 반면, 『손 큰 할머니의 만두 만들기』는 세배라든가 윷놀이라든가 차례 같은 설날의 풍습을 하나도 보여주지 않고 오로지 '만두'만 보여주고 있다. 그럼에도 불구하고 두 작품에서 모두 느낄 수 있는 것은 넉넉함과 흥겨움이다. 이제는 명절이 되어도 고향을 찾기보다는 휴가를 떠나는 사람들이 점점 늘고 있지만 역시 명절의 본질은 사람들이 북적대고 부딪치는 것이다. 그 속에서 더러 갈등하고 반목하고 또 화해도 하는 것은 어른들이지만 아이들은 그저 들뜨고 신난다. 명절 이야기들은 이렇게 책으로 속속 출간되고 있지만 정작 현실에서는 넉넉하고 흥겨운 명절 풍경들이 사라지고 있다. 책 속의 세계와 책 밖의 세계는 언제나 이렇게 다를 수밖에 없을까? 명절을 맞이하는 대한민국 여성들의 마음은 21세기에도 여전히 무겁기만 하다.

편안한 무질서

『셀레스틴느는 훌륭한 간호사』*

아무리 정리 정돈을 가르쳐도 아이들은 어질러놓는다. 꾸지람을 들을 때마다 아이들은 너무나도 아이답게 말을 잘 들어야겠다고 결심하지만 결과는 언제나 똑같다. 그리고 어른들과는 달리 너저분한 것을 불편해하지 않는다. 그것은 아이들의 특성이다. 가브리엘르 벵상의 그림들을 한 컷 한 컷 뜯어보면 그녀가 이런 아이들의 생리를 너무나 잘 알고 있는 작가라는 생각이 든다.

『셀레스틴느는 훌륭한 간호사』에 나오는 집 안 풍경을 보라. '에르네스트 아저씨'가 병이 나서 더 그럴까. 이수신하기 짝이 없다. 영화적인 수법으로 장면들이 이어지는 이 그림책은 컷의 반

---

* 가브리엘르 벵상 글 · 그림, 김미선 옮김, 시공주니어, 1997.

복이 많다. 계속 반복되는 부엌이며 방 안 장면을 가만히 살펴보면 재미있는 사실이 발견된다. 그림 속에는 대부분 문이 있고 그 문은 방문이든 부엌문이든 벽장문이든 혹은 서랍이나 상자 뚜껑이든 다 열려 있다. 그리고 바닥에는 온갖 종류의 물건들이 널려 있다. 양말, 인형, 신발, 찻잔, 안경, 책, 빵, 감자, 꽃다발, 쓰레기(심지어!) 들. 갈색 톤의 수채화 덕분에 한껏 누그러져 있는 그 너저분하게 널린 물건들과 꼭 닫히지 못한 문들이 묘하게 어우러져 보인다. "물건을 꺼냈으면 서랍은 닫아야지!" "문 좀 닫고 다녀라!" "치우라고 했잖아, 이게 뭐니!" 등등의 잔소리에서 완전히 해방되어 있는 풍경들이다. 질서라는 강박관념에 시달리지 않는 무질서.

당장 눈앞에 보이는 일에 몰두하면 순간적으로 전후좌우 맥락을 완전히 잊어버리는 신기한 능력을 아이들은 가지고 있다. 그래서 어릴수록 아이들은 불안을 모른다. 그러나 불행하게도(혹은 다행히도) 아이들은 전혀 그렇지 않은 어른들과 한 공간에서 살아간다. 제대로 치우지 못한다고 매일매일 야단을 맞으면서. 얼마나 스트레스가 쌓일까. 가브리엘르 뱅상은 그림으로 그 스트레스를 풀어준다. 접시도 깨고 컵도 깼다며 계면쩍어하는 셀레스틴느에게 에르네스트로 하여금 또 사면 된다고 너그럽게 말해주게 만드는 것도 그렇지만 유창하면서도 전혀 압도적이지 않은,

아이들이 저지르게 마련인 온갖 실수를 다 감싸줄 것만 같은 부드러운 붓 터치가 그렇다. 이 그림책에는 단 한 개의 서술문도 없다. 모든 설명과 묘사는 다 부드러우면서도 생동감 있는 모노톤의 수채화가 맡고 있다. 글이라고는 에르네스트와 셀레스틴느의 지극히 짧고도 평이한 대화뿐이어서 읽어주는 어른은 편안하고, 듣는 아이는 영화 보는 기분에 빠지게 되어 있는 독특한 형식의 그림책이다.

유쾌한 상상력

『크릭터』*

어린이 책에 보면 어떤 동물들은 항상 나쁘게만 나오고 어떤 동물들은 약하다는 이유로 항상 착하게만 나온다. 가령 늑대는 얼마나 많은 동화 속에서 엉큼하고 포악한가. 토끼는 또 얼마나 자주 순진하고 영리한 동물로 등장하는가. 생태계의 먹이사슬에 의해 고정될 수밖에 없는 이미지들이 의인화되면서 만들어내는 편견들에 대해 늑대나 토끼들은 어떻게 생각할까? 얼핏 우스꽝스러워 보이는 이런 질문들에 진지하게 접근하는 작가들이 있다. 주로 패러디들이다. 하지만 이러한 편견은 늑대와 토끼에 그치지 않는다. 애완용 동물로 뱀을 등장시키는 토미 웅거러의 발랄한

----

* 토미 웅거러 글 · 그림, 장미란 옮김, 시공주니어, 1996.

상상력을 보라!

집에서 기르고 사랑해주는 동물로는 전혀 적합해 보이지 않는 뱀, 언뜻 '독'부터 떠오르는 게 뱀이지만 웅거러가 선택한 것은 독이 없을 뿐만 아니라 성질이 순해서 사람들과 친해지기 쉬운 것으로 유명한, 생 텍쥐페리의 『어린 왕자』에 나오는 '보아뱀'이다. 아프리카에서 '파충류를 연구'하는 아들 덕분에 뱀을 집에서 기르게 된 '보도 할머니'. 할머니가 뱀을 보살피는 것은 여느 애완 동물을 위하는 것과 조금도 다를 바가 없다. "우유를 먹이고" 시장에 데리고 다니고, 날씨가 추워지면 스웨터를 짜주는가 하면 선생님인 할머니는 크릭터(문제의 보아뱀)를 학교에도 데리고 간다.

뱀의 신체적 특징은 길다는 것이다. 기다란 밧줄이 있다고 해보자. 그것으로 할 수 있는 놀이는 무엇무엇이 있을까? 어른들의 굳은 상상력으로는 쉽게 답이 나오지 않는다. 학교에 간 크릭터는 아이들에게 제 몸으로 알파벳이나 숫자를 써 보일 뿐만 아니라, 남자 아이들에겐 미끄럼틀이 되어주고, 여자 아이들에겐 줄넘기가 되어준다. 보이스카우트 소년들에겐 줄이 되어 매듭묶기 시범을 보여주는가 하면 전봇대를 타고 올라가 진깃줄에 걸린 연을 꺼내주기도 한다. 그뿐이 아니다. 할머니네 집에 도둑이 든 날 밤, 도둑을 온몸으로 친친 감아 경찰이 올 때까지 꼼짝 못하게 만든다. 크릭터가 "사람들에게 도움을 주는" 장면들을 하나하나 넘기고 있으면 정말! 또 있어? 생각도 못 했는데! 참, 그렇지! 하는 탄성들이 안에서 터져나온다. 도발적인 모티프들을 즐겨 사용하는 웅거러는 『크릭터』를 통해서 독자들이 가지고 있을지도 모르는 뱀에 대한 편견을 없애는 한편 수수께끼처럼 펼쳐지는 그림들을 즐기게 만든다. 아, 유쾌한 상상력.

어딘가로 열려 있는 기다림들
『신기료 장수 아이들의 멋진 크리스마스』*

한 해가 저물어간다. 어른들에게는 지나간 시간을 돌아보고 다가올 시간을 대비하며 몸과 마음을 정리하는 때이다. 그러나 아이들은 다만 선물을 기대하는 철이다. 빨간 옷과 하얀 수염에 커다란 자루를 메고 나타나는 뚱뚱한 산타 할아버지를 그리며. 언제부터인가 우리도 이런 우스꽝스러운 산타의 모습에 익숙해 있지만 크리스마스 전설은 지역에 따라 다르고, 선물을 나누어주는 성인 혹은 요정의 모습도 다양하다. 『신기료 장수 아이들의 멋진 크리스마스』는 스위스 티롤 지방의 크리스마스 전설을 다루고 있다.

----

* 루스 소여 글, 바버러 쿠니 그림, 이진영 옮김, 시공주니어, 1996.

'신기료 장수의 캐럴'로 시작되는 이 작품은 그림책으로서는 글이 상당히 많은 편인데도 불구하고 전혀 무겁거나 지루하지 않게 읽힌다. 그것은 한편, 낱말의 리듬을 적절하게 살리고 문장을 규칙적으로 반복함으로써 단순미를 살린 음악적 효과 때문이다. 그러나 또 한편, 신기료 장수와 그의 세 아들 프리츨, 프란츨, 한슬의 맑고 깨끗한 영혼을 지녔을 것처럼 보이는 선량하고 빛나는 얼굴 때문이기도 하다. 보통의 창작 그림책과는 달리 그림 없이도 완전할 수 있는 옛이야기를 텍스트에 담고 있으며, 글 작가와 그림 작가가 다른데도 불구하고 이 작품의 그림과 글은 조용조용 서로 화답하고 있다.

가난하지만 올바르게 살아가는 착한 신기료 장수 아이들에게 전설 속의 로윈 왕이 찾아와 보물을 나누어주고 간다는 이 이야기 속에는 기다림이 가득하다. 신기료 장수는 구두를 고치러 오는 사람을 기다리고, 아이들은 아버지가 고기 넣은 스튜를 끓여주는 날을 기다린다. 크리스마스를 기다리고, 마을로 병사들의 구두를 고치러 간 아버지를 기다린다. 그 기다림들은 바버러 쿠니의 그림 속에서 한층 시적으로 이미지화되어 있다. 프리츨, 프란츨, 한슬이 바깥을 내다보고 있는 그림이 많다. 방문을 열고 서서, 창가에 옹기종기 모여서, 현관에 오도카니 걸터앉아, 침대 속에 파고들어 고개만 쭉 빼어 밀고…… 금욕적인 분위기마저 풍기는 세심한 붓끝에서 태어난 그 기다림은 어딘가로 열려 있다. 그 아이들의 눈길을 따라가다 보면 신기료 장수의 캐럴이 들린다. 선물을 기대하는 아이들의 흥분이 담긴 들뜬 노래와는 전혀 다른, "죄와 미움을 깨끗이 씻어버리"고 "모든 두려움이 사라지"는 것을 지켜보며 가난하고 약한 자의 목소리에 귀 기울이게 만드는 노래가.

저학년

차이는 생기게 마련

『너무 친한 사이인데』

옛날에 어떤 부산 출신 학생이 내게 가르쳐준 노래가 있다. "서울내기 다마내기, 서울내기 다마내기." 그녀는 배시시 웃으면서 어릴 때 부르던 그 노래를 불러 보였는데, 서울 애들은 양파처럼 까도까도 속을 모르겠다는 뜻이라고 했다. 그런데 정작 '서울내기'인 나는 그 말을 들으면서도 어떤 감정보다는 예쁘다는 생각만 했던 것 같다. 그 학생이 예쁜 건지, 운이 착착 들어맞는 그 노랫말이 예쁜 건지, 복잡다단한 지역 감정을 그렇게 간단한 비유에 담을 수 있는 게 예쁜 건지 분명하지 않은 채로…… 문학 작품 속에서도 그렇고 현실에서도 그렇고, 서울 사람은 착하거나

---

* 크리스 도네르 글, 미셸 게 그림, 최윤정 옮김, 문학과지성사, 2003.

멋있거나 개성이 강하거나 하여간 좋은 그림으로 그려지는 적이 별로 없는 것 같다. 지독하게 중앙 집권적인 국가인 대한민국에서 서울에서 쓰는 말이 '표준'말이 되고 서울의 많은 것이 삶의 기준이 되는 판이니 서울 사람을 부러워하면서도 미워하는 문화가 생겨나는 것은 어쩌면 당연하다. 어른인 나는 서울 '특별' 시민으로서 다른 모든 '보통' 지역 사람들에게 약간의 미안함과 부담을 가지고 사는 것을 스스로 당연시하고 있었던 것 같다.

그런데 어린이 문학을 들여다보면서부터는 생각이 달라졌다. 어린이 책에서도 예외 없이 시골 아이들은 순수하고 착하고 자연 속에서 티없이 자라나는 것으로 그려지는 반면, 서울(도시) 아이들은 회색 시멘트 속에서 자라 정서적으로 안정감이 없고, 기계에 길들여져 있어 생각이 깊지 못하고, 사람과 부대끼며 자라서 계산 속이 빠르면서 순진하지 못하고 등등…… 지금도 생각난다. 대한민국에서 꽤 큰 아동문학상을 받았던 어떤 작품 속의 도시 아이가 아무 근거 없이 '나쁜 아이'로 그려져 있던 것을. 그뿐인가, '옳음'을 추구하는 운동을 하는 얼마나 많은 어른들이 도시의 아이들을 비난하거나 가엾게 여기는가! 우리 아동문학 동네에서 나는 그런 글을 수도 없이 읽었다. 그러면서 도시 아이의 부모로서 속이 상했고, 아이들은 도시에서도 티없이, 아이답게, 생명력 강하게 자란다고 외치고 싶었다. 그런데 정작 걱정되는 것은 당사자인 도시 아이들은 그런 작품들을 읽으면 어떤 생각을 하게 될까 하는 점이었다.

어떤 환경에서 자라는가에 따라서 아이들은 다르게 자란다. 그리고 어떤 사회에서도 '차이'는 생기게 마련이다. 당연한 얘기인데도 그 차이를 받아들이는 일은 참으로 쉽지 않다. 그래서 아이들에게 여러 가지 방식으로 끊임없이 '차이'에 대해 말해주어야 하는 것 같다. 『너무 친한 사이인데』도 '차이'에 대해 말하는 작품이다. 빈부의 차이, 프랑스인과 아랍인의 차이.

거짓말이라도 해야 살 것 같다

『거짓말을 먹고 사는 아이』*

도덕성이 문제가 되지 않는 거짓말을 아이들은 많이 한다. 그리고 그런 현상은 종종 어린이들을 위한 책의 소재가 되기도 한다. 버닝햄의 『지각대장 존』이 그 대표적인 예일 것이다. 존이 왜 이야기를 꾸며내는지, 어른들이 왜 존의 말을 '거짓말'로만 치부하는지는 이 작품 해석의 중요한 열쇠가 된다. 선생님의 추궁 때문에 아이가 얼떨결에 거짓말을 하게 되면서 일어나는 사건을 보여주는 플로랑스 세이보스의 『파스칼의 실수』도 '이 아이는 왜 거짓말을 할까?' 하고 생각해보는 것 자체가 작품의 본질에 직접 다가가는 태도가 된다. 그러나 크리스 도네르의 작품, 『거짓말을

----

* 크리스 도네르 글, 필립 뒤마 그림, 최윤정 옮김, 비룡소, 2003.

먹고 사는 아이』의 경우는 그게 아니다. 처음부터 작가는 주인공 토마가 왜 거짓말을 하는지 분명하게 밝히고 있기 때문이다.

아기 동생을 돌보느라 바쁜 엄마의 관심을 자기에게로 돌리고 싶기 때문이고, 별 의미 없는 자신의 이야기에도 엄마가 "너, 그 얘기 굉장하다!" 하고 반응해주길 바라기 때문이다. 그건 또한 아무런 사건 없이 흘러가는 지루한 일상을 견뎌내기 위한 아이 나름의 노력이기도 하다. 재미있는 것은 아이이기 때문에 당연히 이야기를 꾸며내는 과정에서 말도 안 되는 실수를 하게 되는데 이 때문에 '문제'가 생긴다는 것이다. 엄마는 토마가 '거짓말'하는 것을 '문제'로 생각하고 아빠는 '상상력'이 풍부한 것이라며 대수롭지 않게 생각하지만 결국은 그런 의견 차이 때문에 가정 불화라는 진짜 '문제'가 생겨나고 토마는 엉뚱하게 맹장 수술까지 하게 된다. 아빠는 의사의 오진이라는 '문제'를 탓하고 의사는 가정 '문제' 때문에 애가 꾀병을 부리는 것이라며 정신과에 가볼 것을 권한다.

이런 식으로 황당하게 진행되는 이야기를 가만히 들여다보면 어른들이 정말 문제다. 아이의 마음을 조금만 헤아려주면 될 것을 수술까지 하고 정신과까지 가게 만들다니, 전형적인 서구형 드라마다. 약간 과장하면 우리나라 사람들이 감기나 소화 불량으로 내과를 찾는 것만큼이니 자주 정신과를 찾는 그들의 현실은 영화나 문학 작품 속에서 흔히 볼 수 있다. 2001년도 칸 영화제 그랑프리 수상작인 「아들의 방」에서도 끊임없이 정신과를 찾는 사람들이 나오고, 우디 앨런의 영화들에도 그런 사람들은 흔하디 흔하다. 그러나 정작 의사들은 환자들에게 해주는 일이 별로 없다. 그걸 생각하면 수지 모건스턴의 『정말 너무해!』라는 작품이 떠오른다. 어떤 야심적인 소녀가 돈을 벌기 위해 끊임없이 '사업'을 구상하는 걸 그린 그 작품 속에서 작가는 주인공 아이의 입을 빌려 심리치료사를 이렇게 비판한다. "그럼 벽 보고 얘기하든지, 세탁기 보고 얘기하지 그래?" 심리치료사라는 말을 난생처음 들어본 아이가 친구에게 그 의사가 무슨 말을 해주느냐고, 하다 못해 아침밥을 더 많이 먹으라든가 왼쪽이 아니라 오른쪽으로 누워서 자라는 말이라도 해주는 게 아니고 그냥 듣고만 있는 거라면 무엇 때문에 돈 주고 그에게 가느냐는 말이다. 정말 그렇다. 그래서 우리 사회에는 정신과에 가는 사람이 많지 않다. 정말 머리가 돌아버릴 것같이 힘들거나 복잡한 상황도 친구나 가족이나 하여튼 손 닿는 곳에 있는 사람들이 얼마든지 정신과 의사를 대신해서 얘기를 들어주니까.

이 작품의 원제는 'je mens, je respire(나는 거짓말을 한다, 나는 숨을 쉰다)'이다. 내가 이 작품을 읽기 시작했던 것은 순전히 표지에 나란히 두 줄로 씌어진 이 제목 때문이었다. 단 하나의 주어와 단 하나의 동사만으로 이루어진 최소 길이의 문장이 두 개 나란히 놓여 있는 아주 특별한 이 제목을 보면서 나는 곧장 'je pense donc je suis(나는 생각한다. 고로 나는 존재한다)'라는 데카르트의 코기토를 생각했다. 'donc(그러므로)'라는 접속사 하나만 빼면 똑같은 구조이다. 평소 우리 동화들의 제목이 너무 설명적인 데 대해 불만을 가지고 있던 나는 여기에 분명 뭔가 있다는 직감이 들었다. 거짓말이라니! 사실 문학은 잘 짜여진 거짓말임에도 불구하고, 오로지 작가가 몸으로 체험한 진짜 이야기라는 사실 때문에 많은 작품이 호평을 받는 우리나라 아동 문단에서 이 작품이 어떻게 받아들여질까 자못 궁금하다.

이 작품의 주인공 토마처럼 크고작은 이유로 부모의 관심을 끌고 싶어하는 아이의 외로움에 대한 이야기는 아동문학에 많다. 하지만 이처럼 웃음이 터져나오게 만드는 작품은 아주 드물다. 어른의 눈으로 보면 아이들에게 참으로 문제가 많지만 아이들의 눈으로 보면 어른들에게도 참으로 문제가 많다. 크리스 도네르의 작품이 독자를 자주 웃게 만드는 것은 그가 그렇게 아이의 눈으로 세상을 보기 때문인데 한번 웃고 말아버릴 수 없는 것은 그 웃음 뒤에는 매번 그냥 지나쳐버릴 수 없는 진실이 빈짝이고 있기 때문이다. 토마는(혹은 우리는) 정말 답답한 것이다. 거짓말이라도 해야 살 것 같을 정도로!

울트라나이스수퍼골드타운 이야기

『솔숲마을 이야기』*

내가 허은순을 주목하기 시작한 것은 「아버지를 따라온 강아지」를 읽으면서부터이다. 그후, 「우리들의 작은 음악회」도 좋았던 기억이 있다. 그런데 『솔숲마을 이야기』를 읽으면서부터는 은근히 신이 났다. 아이들의 심리를 잘 그려낼 줄 알 뿐 아니라 상쾌하게 풍자를 해내는 힘까지 갖춘 작가란 우리 아동문학계에 결코 흔하지 않기 때문이다.

바른 가치관을 제시해야 하는 교육적인 의도를 가진 어린이 책들은 따분해지거나 딱딱해지기 십상이다. 게다가 직선적이고 감정적인 기질을 가진 대한민국 사람들한테서는 아이들로 하여

----

* 허은순 글, 권재원 그림, 창작과비평사, 2002.

금 깔깔 웃으면서 생각하게 만드는 작품이 잘 나오지 않는다. 사실 웃음이야말로 아이들의 천성에 가까운 것인데, 그것에 다가갈 줄 아는 작가가 별로 없다. 『알 게 뭐야』나 『웃음총』 또 『아기 도깨비와 오토 제국』 같은 이현주의 작품을 빼면 요즘처럼 풍성하게 쏟아져 나오는 우리 작가들의 창작물 중에서는 개운한 웃음을 찾아보기가 힘들다.

'솔숲마을 이야기'라는 순한 제목은 환경 문제라는 중요하면서도 평범한 주제를 다루고 있다. 환경 파괴의 현실에 경각심을 불러일으키고 인간 중심의 사고에서 벗어나 자연을 있는 그대로 바라볼 것을 가르치는 책들은 아마도 요즘 나오는 어린이 책 중에 가장 대접받는 책일 것이다. 이 작품도 그렇다. 작가가 서문에서 밝히고 있듯이, 조용하고 한적했던 어느 바닷가 마을이 떠들썩하고 지저분한 해수욕장으로 변한 이야기를 하고 있다. 그러나 이 작품은 이런 식의 요약과는 달리 전혀 평범하지 않다. 이런 이야기에서 흔한 탄식이나 비판의 목소리도, 심각하거나 어두운 표정도 보이지 않는다. 작가가 삭이기 어려운 분노와 아픔을 느꼈던 현실을 말도 안 되는, 이니 또 다른 차원의 말이 되는 허구로 만들어놓았기 때문이다.

솔숲마을에 '번쩍 도시'에서 온 '나돈만' 씨와 '흔들 도시'에서 온 '난더만' 씨와 '텅 빈 도시'에서 온 '엄청만' 부인과 '홍청 도시'에서 온 '제일만' 씨가 찾아와서 식당과 가게와 호텔과 놀이 공원을 짓는 바람에 숲과 바다가 완전히 망가져버리자 사람들은 '자연'을 완전히 '인공'으로 바꾸어놓고 이름도 아예 '울트라 나이스수퍼골드타운'으로 다시 지어버린다는 이 이야기는 무엇보다도 아주 재미있다.

등장인물에서부터 마을에 이르기까지 이름들이 우선 한몫을 한다. 그 이름들로부터 시작해서 현실 세계를 부담 없이 떠난 얘기는 그러나 완벽하게 현실을 반영하고 있다. '개발'이라는 미명 하에 자연이 망가지는 과정을 단순명쾌하게 보여주고 있다. 한창 자라면서 말을 배워나가는 어린이들은 언어적인 자극에 민감하다. 그런데도 우리 아동문학은 외래어 및 한자를 쓰지 말고 곱고 바른 우리말을 써야 한다는 앙상한 원칙 하나만 빼면 별로 말에 대해 고민하지 않는 것처럼 보인다. 한자어투성이인 행정 언어(아이들의 가정 통신문을 보라)와 외래어투성이인 광고 언어, 그리고 인터넷 언어 및 각종 신조어들에 동시에 노출되어 있는 우리 아이들이 모국어를 자유자재로 구사하면서 자기 나름의 말을 가꾸어나갈 수 있게 도와주려는 생각이 없어 보인다.

그런 분위기 속에서 이 작품이 두드러지는 것은 고유명사 몇 개만으로도 작품이 얼마나 풍부해질 수 있는지를 한눈에 보여주고 있기 때문이다. 하지만 그게 다가 아니다. 이렇게 황당한(?) 이야기가 엄마와 아이들의 살가운 잠자리 대화 속에 액자처럼 들어가고 마지막엔 아이들이 나서서 '울트라나이스수퍼골드타운'을 다시 처음처럼 만드는 데 '꼭 백삼 년이 걸렸'다며 '끝!' 하고 '하하하' 웃음을 터뜨리며 이야기를 마감하는 재치는 전혀 억지스럽지 않은 해피 엔딩이다. 그런 식의 구성은 말의 재미 못지않게 작품을 맛깔스럽게 만들고, 읽는 이의 마음을 후련하게 해준다.

사탕이 주는 '정신적' 만족감

『깜찍이와 복잡 마녀』*

이 작품을 내가 몇 번 읽었는지 모르겠다. 적어도 2년의 시간을 두고. 맨 처음에는 번역할 작품을 고르기 위해서 읽어보았고, 막상 고르고 나서는 옳은 선택이었는지 다시 생각해보기 위해 읽었다. 그 다음 번역, 퇴고 과정에서는 도돌이표식으로 작업한 분량만큼씩 다시 읽어보기를 계속했기 때문에 수차례에 걸쳐 읽었다. 그러고 나서 시간이 얼마쯤 흘렀을까? 이제, 교정지를 받아들고 다시 읽어보면서 내가 가장 걱정한 것은 재미없지 않을까 하는 점이었다. 글을 쓰든, 번역을 하든 문장을 되풀이 읽어보는 습관이 있는 나로서는 어느 순간에 이르면 어떠한 문장도 가슴에 와

----

* 야크 리베 글·그림, 최윤정 옮김, 문학과지성사, 2002.

닿지 않는다. 역시 번역자는 독자들처럼 작품을 순수하게 즐기기가 어렵다. 그래서 일단 작업이 끝난 후 몇 계절을 보내고 마음은 벌써 다른 작품들에 가 있는데 편집자로부터 교정을 보라는 전화를 받으면 문득 두려움이 생긴다. 왠지 작품이(사실은 교정지가) 무척 낡아 보일 것만 같기 때문이다.

『깜찍이와 복잡 마녀』도 그런 심정으로 교정지를 받아들었고 그래서 더욱더 미루어두지 못하고 빨리 읽어내렸다. 그런데도 여전히 재미있어할 수 있는 것은 아무래도 이 작품이 무심한 시간의 흐름을 견디는 힘을 지녔기 때문일 것이다. 그러나 또 한편으로는 야크 리베의 작품이 개별적인 감정보다 보편적인 이성에 호소하는 경향이 있기 때문이 아닐까 한다. 깜찍이와 복잡 마녀가 엎치락뒤치락하면서 속임수 대결을 벌이는 얘기가 보통 옛이야기에서처럼 삼세번이 아니라, 이젠 끝인가 싶을 때도 계속되고 또 계속되는데도 지루함을 모르겠다. 읽다 보면 작가가 정말 어떻게 결말을 맺을 것인지 여간 궁금해지는 게 아닌데, 결국 깜찍이의 승리와 복잡 마녀의 죽음(상징적인)이라는 해피 엔딩의 공식을 따르지만 아이들의 작문으로 작품을 마무리한 솜씨는 독자들에게 남겨주는 깜짝 선물처럼 즐겁다.

이 작품은 내가 그동안 번역한 다른 어떤 작품보다도 부분적으로 의역을 해야 했는데, 그것은 야크 리베가 말장난을 보통으로 치는 작가가 아니기 때문이다(다행히, 이 작품은 순한 편이다!). 서구 작품들의 경우, 어린이 문학은 말과 글을 익히는 아이들을 위한 것이니만큼 수사학적인 장난이 많다. 우리 말법에는 생소한 그것들을 효과적으로 옮기기 위해 전혀 다른 '장난'을 생각하는 도리밖에 없는데, 번역자로서는 자주 갈등하게 된다. 어디까지를 의미가 통하게 해야 하고 어디까지를 외국 작품에서 느낄 수 있는 낯섦으로 남겨둬야 할지가 고민이기 때문이다. 깜찍이와 친구들이 복잡 마녀의 별명을 지으면서 노는 부분은 의미 만들어내기에 치중했고, 작품의 마지막 부분, 트리스탕의 작문에 나오는 고유명사들에 대해서는 낯섦을 포기하고 우리 것으로 대체해버렸다. 동네 슈퍼마켓이나 빵집에 가면 쉽게 만날 수 있는 '새콤달콤, 마이구미, 밀크 캐러멜, 땅콩 초콜릿, 막대사탕, 풍선껌, 톡톡 캔디, 솜사탕, 슈크림, 찹쌀 도넛, 생크림 케이크, 애플 파이, 팥빵' 같은 낱말들을 보고 반짝반짝해질 아이들의 눈망울이 떠올랐기 때문이다.

아이들 책을 많이 읽을수록 아이들이 좋아할 만한 대목에서 마냥 마음이 편해져버린다. 첫아이를 키우면서 충치 걱정, 편식 걱정으로 단것을 많이 제한했는데, 이제는 몸에는 나쁠지 모르지만 사탕 한 알, 초콜릿 한쪽이 아이들에게 주는 '정신적' 만족감을 상상하면 내 몸에도 그대로 그것들에 대한 욕구가 번지는 것 같아서 매번 허락하고 만다. 그래서 결국 나는 나쁜 엄마인지 아닌지 잘 모르겠다고 의심하면서도……『깜찍이와 복잡 마녀』는 이런 달콤한 맛들을 작품 구석구석에 깔아놓으면서도 명백하게 교훈적인 이야기이다. 그래도 어른인 나는 모르겠다. 아이들이 좋아할지 어떨지. 그래서 또 바란다. 많은 아이들이 재미있게 읽어주기를.

시, 그 아름다운 말들의 회복을 위하여

『가만히 들여다보면』*

아이가 말을 배우고 자신의 느낌을 표현하는 걸 지켜본 적이 있는 사람들은 모두 한번씩 경험했을 것이다. 만화에서처럼 머릿속에 전구가 탁 켜지는 것 같은 느낌을 혹은 갑자기 해가 쨍 날 때처럼 하하 웃음이 터져나오는 것을. 자기 안의 세계와 밖의 세계를 잘 구별하지 못하는 아이들은 나름대로 참 행복하다. 우리 아이도 그랬다. 젤리를 먹다가 개미에게 줘야겠다면서 들고 나가지를 않나, 겨우내 실내에 갇혀 노느라 쿵쿵거리며 뛰는 걸 "아랫집 할머니 이놈 한다"고 혼내자 바깥에 나가서 뛰면 겨울잠 자는 뱀이랑 곰이랑 개구리가 깬다고 대답하질 않나……

---

* 윤동주 외 글, 한유민 그림, 최윤정 옮김, 문학과지성사, 2002.

그러던 아이가 겨우 깨친 한글 솜씨로 자꾸만 시를 쓰기 시
작했다. 시라는 걸 쓴다는 게 신기하기도 하고 무슨 생각으로 그
러는지도 궁금했지만 무엇을 어떻게 물어봐야 좋을지 몰랐다. 고
슴도치도 제 새끼가 예쁘다고 했던가. 나는 내 딸이 쓴 시가 잘
쓴 것만 같아 보였다.

공

공은 우리가 가고(갖고)
놀 때 통통 튀고
우리가 없을 때는
가마니(가만히) 있는다.

울타리

울타리 너머
꽃이 피이있다
예쁜 향기가
들어있다

바위돌

바위돌에 앉으면
개구장이였던
동생이 생각난다

아버지

아빠는 장난을 쳐야지만 일어난다.
내가 아빠 등에 올라가서 배로 누르면
갑자기 떼를 쓴다. 이잉 더 잘거야!

그러면서 엉덩이를 하늘로 올린다.
갑자기 아빠 엉덩이는
백두산으로 되기도 하고
미끄럼틀도 된다.

그러면서 의진이 잡으러 가자
휘진이 잡으러 가자 하다가
모르고 일어난다

글을 쓴다는 행위가 현실 부적응과 관계가 없지 않다는 걸 익히 알고 있는 나는 아이에게 물었다. 학교 재미있니? 재미없어. 왜? 노는 시간두 없구 뭐. 그럴 리가 있나, 그럼 화장실은 언제 가? 화장실 가는 시간만 있구 노는 시간은 없단 말이야. 아차 싶었다. 유치원과 학교의 차이를 미처 설명하지 못한 채 초등학교에 입학시킨 나의 불찰이었다. 그날, 아이는 또 시를 썼다.

우리들은 1학년

날마다 날마다
재미없는 학교
학교 앞에 서서 보면
힘이 빠진다.

정말 그랬다. 까르륵 웃기 잘하고 생기에 넘치던 아이는 까칠한 모습으로 1학년을 어렵사리 넘겼다. 그러면서 차츰 학교라는 곳에 다행인지 불행인지 적응을 해나갔다. 2학년이 되고 학교라는 것에 무덤덤해질 무렵, 나는 아이가 일기나 글짓기 숙제는 웬만하면 어느새 지겨워하고 있는 '동시'로 쓰려고 한다는 걸 알게 되었다. 이유는 짧게 써도 되기 때문이었다. 그렇게 아이가 쓴 동시들은 교과서 동시들을 닮아 있었다. 아이가 공책에 '나비가

팔랑팔랑, 바람이 살랑살랑' 하는 식의 동시들을 써놓은 것을 보다가 나는 버럭 화를 내고 말았다. 배운 대로 했을 뿐인데 엉겁결에 야단을 맞은 아이는 영문을 몰라하면서도 괜히 기가 죽었다. 하긴, 아이를 야단칠 일이 아니었다.

아이가 제도 교육 속에서 규격화되면서 자연히 시 같은 시를 쓸 수 없어질 거라는 안타까움에 나는 아주 속상했다. 그렇다고 섣불리 아이에게 글쓰기를 가르칠 수도 없는 일이었다. 하여 쓰기 대신 읽기를 권하기로 했다. 도서관과 책방을 드나들면서 동시 코너를 뒤졌지만 동화를 고를 때보다 훨씬 힘이 들었다. 일단 양적으로 비교가 안 되었다. 재미있는 책에 목마른 아이들이 동화를 찾기는 해도 동시를 찾는 일은 아주 드물다. 역설적이게도, 동시는 그나마 국어 교과서 때문에 명맥을 유지하는지도 모른다는 생각이 들었다. 누가 동시를 읽는가. 누가 동시를 쓰는가.

여기 추린 시들을 나는 굳이 동시라고 부르고 싶지 않다. 실제로 동시가 아닌 시들도 있다. 여러 책들을 뒤져가면서 내 생각에 아이들도 관심 있게 읽겠다 싶은 시들을 골랐다. 그리고 환경이 다른 몇몇 아이들에게 읽게 하면서 반응을 살폈다. 결과는 상당히 긍정적이었다. 아이들이 이 책에 들어 있는 시들을 가까이

했으면 좋겠다. 나눠 읽고 돌려 읽었으면 참 좋겠다. 저희들끼리
돌려 쓰는 교환 일기나 쪽지 편지에도 한 구절씩 써넣는 일도 좀
일어났으면 좋겠다. 그래서 날로 척박해져가고 코드화되어가는
아이들의 언어에 생명이 실릴 수 있으면 더 바랄 것이 없겠다.

친구를 따돌리던 아이들이

『까마귀 소년』*
『내겐 드레스 백 벌이 있어』**

일본에서 가장 극심한 것으로 알려진 학교 내 집단 따돌림 현상
이 점점 더 심해지고 있는 모양이다. 최근의 텔레비전 보도에 의
하면 독일 아이들 세 명 중 한 명이 집단 따돌림을 경험했다고 하
고, 우리나라 아이들도 열 명에 한 명은 집단 따돌림이나 괴롭힘
을 당한 적이 있다고 한다. 삶의 다양한 현상들을 반영하는 것이
문학 작품이기에 어린이 책에도 집단 따돌림 문제를 다룬 작품이
꽤 많이 나와 있다. 집단 따돌림을 다루는 책들은 대개 비슷비슷
한 구도를 가지고 있는데 말없고 소심하고 어딘가 모자라는 듯
보이는 아이가 따돌림을 당한다. 그러나 알고 보면 그 아이는 쉽

----

 * 야시마 타로 글 · 그림, 윤구병 옮김, 비룡소, 1996.
** 엘레노어 에스테스 글, 루이스 슬로보드킨 그림, 엄혜숙 옮김, 비룡소, 2002.

게 드러나지 않는 혼자만의 어떤 장점을 가진 아이이다. 어떤 계기로 그 장점들을 다른 아이들이 알게 되고 그동안 따돌렸던 것을 후회하면 그 아이는 집단 괴롭힘에서 해방되고 따돌림을 당했던 아이나 친구를 따돌렸던 아이들이나 양쪽 모두 정신적으로 성장한다는 공식이 그것이다. 그런데 대개의 경우, 그 재주를 찾아내어 다른 아이들에게 드러내 보여주는 매개자가 있다. 그 매개자로 인해, 친구를 따돌리던 아이들이 감동하면서 그간의 행동을 뉘우치고 모두 함께 어우러지는 행복한 결말로 끝난다. 하지만 이렇게 앙상한 줄거리로 요약되지 않는 것이 '문학 작품'이 지닌 매력이다.

『까마귀 소년』과 『내겐 드레스 백 벌이 있어』는 이렇게 같은 (?) 이야기를 참으로 다르게 보여주고 있다. 『까마귀 소년』에 나오는 외톨이 '땅꼬마'는 작고, 겁이 많고, 뭐든지 잘 못 해서 언제나 꼴찌다. 아무도 땅꼬마와 놀아주지 않지만 땅꼬마 역시 아무하고도 놀려고 하지 않는다. 학교와 친구가 싫을 법도 하건만, 혼자 가만히 보이는 것과 들리는 것에 집중하는 놀이를 하면서 비가 오나 눈이 오나 6년을 한결같이 학교에 나오는 아이다. 아이들이 땅꼬마의 존재를 인식하기 시작한 것은 이소베라는 '좋은 선생님'이 오면서부터다. 선생님은 땅꼬마가 다른 아이들이 알지 못하는 얼마나 많은 것을 알고 있는지 여러 사람 앞에 드러내는 데, 그 과정을 지켜보면서 아이들 모두는 땅꼬마를 그렇게 만든 것은 엄청난 외로움이라는 것을 알게 된다. 그것을 깨닫는 순간 모든 아이들이 눈물을 흘리고 반성한다. 그런데 조금 엉뚱한 의문이지만, 만약에 이소베 선생님이 나타나지 않았더라면 땅꼬마는 어떻게 되었을까?

『내겐 드레스 백 벌이 있어』의 메이슨 선생님은 이소베 선생님처럼 문제를 해결해주는 선생님이 아니다. 가난해서 매일 똑같은 옷을 입고 나타나는 완다를 재미 삼아 놀리는 페기와 매디를 꾸짖지도 않고, 존재감이 없는 아이 완다를 위해 아무것도 하지 않으며 결국 따돌림에 못 이겨 완다네 가족이 마을을 떠나는 것은 더더욱 막지 못하기 때문이다. 서양의 작품에서 흔히 그렇듯이 동화 속에 어른과 아이가 공존하기는 하지만 어른들은 늘 사건의 핵심에서 비껴나 있다. 완다가 멋쟁이 부잣집 딸 페기에게 자기 옷장에 백 벌의 드레스와 60켤레의 구두가 늘어서 있다고 아무렇지도 않게 대꾸하는 것은, 아버지도 선생님도 자기를 지켜주지 못한다는 것을 알고 있기 때문이었을까? 완다가 말하던 드레스 백 벌은 교내 그림 그리기 대회에서 완다가 묘사해 보이던 모습 그대로의 그림으로 나타나고 완다는 사라진다. 교실에 남은 아이들에게 전해지는 것은 선생님이 읽어주는 완다 아버지의 편지뿐. 간단하기 그지없는 완다 아버지의 편지는 읽는 이의 가슴을 서늘하게 만든다. "……대도시로 이사갑니다. 우리를 폴란드 놈이라고 부르지 않는 데로요. 이름이 왜 그렇게 이상하냐고 묻지 않는 데로요. 대도시에는 수많은 이상한 이름들이 있거든요……"

『까마귀 소년』은 시처럼 생략이 많은 그림책이고, 『내겐 드레스 백 벌이 있어』는 장편 동화책이다. 그래서 이야기에 훨씬 많은 복선이 깔려 있고 따돌리는 아이와 따돌림을 당하는 아이뿐만 아니라 남을 따돌리면서 자기도 언제 따돌림을 당할지 모른다고 생각하며 불안해하고 양심의 가책을 느끼는 매디 같은 아이도 등장한다. 이렇게 다른 두 작품을 비교하면서 내가 관심 있게 지켜본 것은 아이와 어른의 관계이다. 『까마귀 소년』이 그림책이기는 하지만 이소베 선생님이 등장할 때는 아이들이 6학년이 되었을 때이고, 완다와 매디와 페기의 나이는 정확히 알 수 없지만 수학 시간에 구구단을 배우는 것으로 보아 저학년일 것이다. 그런데 아이들을 다루는 이소베 선생님과 메이슨 선생님의 태도는 사뭇 다르다. 이소베 선생님은 열정적이고 적극적이지만 메이슨 선생님은 이성적이고 절제가 많다. 이소베 선생님은 땅꼬마를 따뜻하게 감싸주지만 메이슨 선생님은 아이들에게 다가가지 않고 다만 지켜보면서 아이들이 변화하도록 이끈다. 일본과 미국이라는 문화적 차이도 있겠지만 메이슨 선생님과 같은 태도는 확실히 아이들을 스스로 더 많이 고민하게 만든다. 작품성과는 상관없이, 이 두 작품을 비교하면서 어른인 우리는 한번쯤 우리 자신은 아이들을 어떻게 대하고 있는지 생각해볼 만하다.

자연은 가질 수 있는 것이 아니다

『물푸레 물푸레 물푸레』*
『숲의 사나이 소바즈』**

지구가 몸살을 앓고 공해로 우리의 삶이 위협받기 전까지 나는
부끄럽게도 자연에 대해서 생각해본 적이 별로 없다. 서울에서
나고 자란 내게 자연은 언제나 멀리 있었고 감상의 대상일 뿐이
었다. 하지만 이제 딸기 하나만 먹으려 해도 농약이 걱정되고, 비
닐 봉지 하나만 사용하려 해도 심란하다. 어쩌다 이 지경까지 왔
는가. 정말 일상 속에서 늘 환경 보호를 실천하지 않으면 지구는
머지않아 우리가 살 수 없는 곳이 되어버릴 것이다! 그런 위기의
식 때문에 환경에 대한 어린이 책도 많이 나온다. 하지만 앙상한
가르침들, 더 정확히 말하면 지시 사항들을 전달하고 있을 뿐, 정

---

* 조호상 글, 이정규 그림, 도깨비, 2002.
** 제니퍼 달랭플 글 · 그림, 이경혜 옮김, 파랑새어린이, 2002.

말로 자연을 담고 있거나 환경을 보호하고 싶은 마음이 들도록 하는 책은 드물다. 이런 와중에서 빛나는 책 두 권을 만났다.

『물푸레 물푸레 물푸레』. 물푸레나무는 가지가 물에 잠기면 물이 푸르러진다고 해서 붙은 이름이라고 한다. 사람은커녕 움직이는 동물도 아닌 가만히 서 있는 나무가 주인공이면서도 이 책은 전혀 심심하지 않고 사람을 쏙 빨아들인다. 그래서 말은 입으로만 하는 게 아니라 이파리, 나뭇가지, 마음, 몸으로 할 수 있으며, 심지어 어딘지 알 수 없는 곳에서 툭툭 튀어나오기도 한다는 물푸레나무의 말을 진심으로 믿게 된다. 이야기를 읽어나가는 내내 나는 물떼새 알이 다치지 않을까 조마조마하면서도 가슴속 어딘가에 빙그레 웃음이 떠 있는 것 같았다. 웃음도 말처럼 눈이나 입으로만 나오는 게 아니라 '어딘지 알 수 없는 곳에서' 나오는지도 모를 일이다. 우리나라는 국토의 70퍼센트가 산으로 뒤덮여 있는데다가 노년기 지형이어서 산천이 그렇게 아늑하고 포근할 수가 없다. 그리고 그 속에 묻혀 사는 우리들은 참 순하다. 적어도 우리가 자연에 순응하고 사는 동안은 그랬다고 생각한다. 이 책 『물푸레 물푸레 물푸레』는 내게 그런 생각을 하게 해주었다. 외국 책을 많이 읽기 때문에 거의 자동적으로 많은 것을 '비교'하면서 사유하는 나는 이런 책을 만나면 내가 한국인이라는 것이 행복하게 느껴진다. 이 책의 정서를 구석구석 고스란히 내 것으로 느낄 수 있어서. 읽는 이를 조용히 자연 속으로 끌고 들어가는 이 책의 또 다른 장점은 맛깔스런 우리말 사용에 있다. 나직나직 이야기를 들려주는 말투도 다정하지만, 그 속에 담겨 있는 소리와 모양을 나타내는 많은 부사들은 소박하면서도 다채로운 느낌을 준다.

『숲의 사나이 소바즈』는 이와 사뭇 다르다. 화려하고 강하게 펼쳐지는 그림과 어우러지는 한 편의 옛이야기와도 같은 이 작품을 읽고 나면 숙연함마저 느끼게 된다. 소바즈는 사냥을 하거나 나무 열매를 따먹으면서 목숨을 이어나가고 숲의 나무를 베어 몸을 보호할 수 있는 집을 만들기도 하지만 꼭 필요한 만큼만 취한다. 그렇게 살아가면서 그는 "숲과 하나가 되어 숲의 리듬에 맞춰 숨을 쉴 수 있"게 된다. 그래서 "아무리 숲이 우거져 있어도 아무리 눈이 두텁게 쌓여 있어도 그 너머에 무엇이 있는지 환히 다 알 수 있게" 된다. 몸이 먼저 자연의 일부가 되고 정신이 저절로 그 사실을 깨닫는 것이다. 가슴 두근거리는 그 멋진 경험을 이 한 권의 그림책이 내게 선사했다. 그래서 숲의 나무를 베어 팔면 부자가 될 것이라는 소바즈 형의 말에 웃음을 터뜨리며, 숲은 나무와 새들과 이끼와 열매들의 것이며 산책하는 사람과 시인 그리고 야만인의 것이기도 하고 또 배고픈 자, 숲의 열매와 짐승을 먹을 줄 아는 자의 것, 결국 "숲을 아끼고 사랑하는 자의 것"이라고 말하는 소바즈 아내의 말이 서늘하게 가슴에 와 닿았다. 자연은 사람을 겸허하게 만든다.

좋은 선생님은 왜 동화 속에만 있는 것일까!

『프린들 주세요』*

얼마 전 중학생인 큰아이가 교실에서 지갑을 도난당했다. 아이 이야기를 들어보니, 그런 일은 처음이 아니고 계속 되풀이되고 있었다. 그것도 그 학급에서만. 얘기를 들어보기만 해도 누구 짓인지 알 것 같았고, 나도 아이 키우는 부모의 한 사람으로서 그 아이가 진심으로 걱정되었다. 하지만 정작 담임 선생님은 "현장을 잡지 않은 다음"에는 얘기하지 말라고 했단다. 어안이 벙벙했다. 그런데 그 비슷한 일이 며칠 후에 또 일어났다. 학교에서 단체로 수련회를 다녀온 작은아이가 비상금으로 가지고 갔던 돈을 몽땅 잃어버렸다는 것이다. 같은 반 아이들 주머니가 거의 다 털

---

* 앤드루 클레먼츠 글, 양혜원 그림, 햇살과나무꾼 옮김, 사계절, 2001.

렸다고 했다. 작은아이는 고작 초등학교 4학년이었다. 아이의 다음 말은 나를 더 아연하게 했다. 선생님이 돈을 잃어버리는 사람은 자기 책임이니까 와서 얘기하지도 말라고 했다는 것이다. 선생님들이 이런 식이라면 그 반 아이들 중에는 돈을 훔쳐도 최소한 선생님한테 걸리지는 않겠다고 생각하는 아이는 없을까? 잃어버린 돈은 못 찾는다 하더라도 반에서 일어난 일은 선생님이 다 알고 있어야 더 이상 나빠지지 않는다며 담임 선생님한테 얘기하라고 시킨 나만 우스운 사람이 되어버렸다. 아이들 얘기를 듣고 있자니, 아, 옛날 우리 학교 때의 무지막지한 선생님들이 생각났다. 방과 후에도 모두 다 붙들어 앉혀놓고 눈을 감게 하고는 지금 손을 들면 용서하겠다고 타이르거나 단체 기합이나 회초리를 동원하거나 가방을 일일이 뒤져서라도 사건을 해결하려고 애쓰던 선생님들이 그리웠다. 이제 더 이상 그런 열정을 가진 선생님들은 없는 것처럼 보인다. '문제'를 귀찮아하는 선생님들만 있는 것처럼 보인다. 예나 지금이나 아이들에게 '선생님'은 너무나 중요하다. 제도가 아무리 나빠도 좋은 선생님을 만나면 아이들은 행복해질 수도 있고 훌륭하게 자랄 수도 있다.

현실에서 만날 수 없는 좋은 선생님들이 동화 속에는 자주 등장한다. 이번에는 좀 독특한 선생님이다. 비가 오나 눈이 오나 고물차를 끌고 하루도 빠짐없이 학교에 나타나며, 허연 머리를 단정하게 틀어올리고 일 년 내내 하얀 블라우스 위에다 남색과 회색 투피스 딱 두 벌만 입고 다니고 목에는 항상 단정하게 작은 브로치가 달려 있으며, 기온이 32도가 넘지 않으면 웃옷도 벗지 않는 그레인저 선생님. 이 선생님은 아이들이, 엑스선이 나온다고 믿고 있을 만큼 눈초리가 날카롭다. 이만하면 누구나 아이들이 좋아하지 않을 선생님이라는 것쯤은 눈치챌 수 있다. 국어 선생님인 그레인저 선생님은 아이들 언어 교육에 열성이다. 다른 국어 선생님들처럼 사전 찾는 걸 좋아하는 정도가 아니라 사전을 '사랑'하고 '숭배'한다. 적어도 장난꾸러기 닉에게는 그렇게 보인다. '프린들 주세요'라는 뜻을 알 수 없는 제목은 닉이 유행시킨 말이다. 언어란 약속이며, 새로운 말은 생겨나기도 하고, 변화하기도 하고, 사라지기도 한다는 선생님 말씀을 실험해보기 위해 '펜'이라는 낱말 대신 '프린들'이라는 낱말을 사용하려는 닉 때문에 링컨 초등학교, 나아가 웨스트필드, 더 나아가 미국 전역에 일대 소란이 일어난다. 그리고 결국엔 '프린들'이라는 낱말이 웹스터 사전에 오르게 된다.

사실 닉같이 엉뚱하고 고집스러우면서 사실은 양식이 있는(!) 아이는 흔하다. 다만 그런 아이를 인정하고 제대로 키워주는 어른들이 귀할 뿐. 닉과 '프린들 전쟁'을 일으키는 그레인저 선생님은 어쩌면 또 다른 모양의 닉인지도 모른다는 생가

이 든다. 고집스럽게 자기 생각을 실천한다는 점에서. 매스컴과 자본의 세계가 개입되면서 이야기는 흥미진진하게 흘러가지만 이 작품의 정수는 역시 그레인저 선생님이 닉을 지켜보고 믿어주고 밀어주는 잘 보이지 않는 이야기 속에 들어 있다. 아, 좋은 선생님은 왜 동화 속에만 있는 것일까!

"Have fun!"

『일주일 내내 토요일』*

국내물/외국물, 창작 그림책/외국 그림책, 창작 동화/번역 동화. 서점이나 신문 혹은 여러 단체들의 각종 권장 도서 목록이나 출판사의 카탈로그 등에서 쓰이는 구분법이다. 사실 따지고 보면 고전이나 옛이야기를 다시 쓴 경우를 제외하고 모든 작품은 당연히 '창작'인데도 이때의 '창작'이라는 수식어는 우리나라 작가가 쓴 작품을 가리킨다. 그리고 '창작물'은 각종 추천 기관이나 신문 서평 및 평론 등에서 우선적으로 주목한다. 국내 작가들의 작품이 7, 80퍼센트 정도 그리고 외국 작품이 2, 30퍼센트 정도가 되는 것이 이상적이지만 전혀 그렇지 못한 것이 우리 현실이니 위

----

* 파울 마르 글·그림, 김서정 옮김, 문학과지성사, 2002.

기의식에서 나오는 자구책이리라.

　우리 문학을 보호해야 하는 것은 우리의 임무에 속하지만 그 역기능도 우려하지 않을 수 없다. 아직 우리 어린이 문학계에는 좋은 작가가 몇 사람 되지 않는다. 그러다 보니 출판사들이 줄을 서서 기다리는 통에 그들은 자칫 타협의 유혹에 빠지기 쉽게 되어 있다. 그뿐 아니다. 한 작품이 성공하면 그 아류작들이 기승을 부릴 뿐 새로운 시도나 독특한 상상력은 좀처럼 찾아보기 힘들다. 소비자인 어린이는 자꾸만 새롭게 생겨나기 때문에 비슷비슷한 작품들이 단순 재생산되어도 팔려나가기 때문이다. 부끄럽지만 이게 우리 어린이 문학의 현실이다. 그 속을 헤집으면서 좋은 작품 없나, 하고 찾다가 나는 자주 지친다. 그러다 한번씩 유쾌한 작품을 만나면 속이 시원해진다. 그런데 유감스럽게도 그건 종종 '외국' 책이다. 그렇게 만난 작품이 이번에는 『일주일 내내 토요일』이다.

　마치 무기력한 직장인들의 엉뚱한 꿈일 것 같은 이상한 제목의 이 작품은, 혼자 사는 지극히 평범한 소시민 타셴비어 씨에게 월, 화, 수, 목, 금요일까지 매일매일 '월' '화' '수' '목' '금'자로 시작되는 사건이 일어나더니 토요일엔 희한한 아이(?) '토요'

가 나타나고, 토요가 나타나면서 끊임없이 소동이 계속되는 얘기를 담고 있다. 토요는 크리스티네 뇌스트링거의 『머릿속의 난쟁이』에 나오는 난쟁이나 이현주의 『아기 도깨비와 오토 제국』에 나오는 루루처럼 사람의 어린아이와 비슷하면서 초자연적인 힘을 지닌 특별한 창조물이다. 토요가 지닌 능력은 본인이 눈치채지 못하게 타셴비어 씨의 소원을 들어주는 것이다. 여기서 재미있는 것은 토요의 능력을 알게 된 그에게 정작 '소원'을 말하라고 하자 타셴비어 씨가 고민하는 모습이다. 대부분의 사람들은 이렇게 자신이 무엇을 원하는지 모르는 채 살고 있다! 고정관념과 편견으로 가득한 세상에서 말이라는 것을 곧이곧대로 듣는 토요는 끊임없이 사람을 웃게 만든다. 문학 작품에서 웃음이란 풍자이고 따라서 그것은 잠들려는 정신을 흔들어 깨우는 힘이다. 이러한 웃음만 해도 심각하거나 슬픈 혹은 감상적인 이야기투성이인 우리 작가들이 이 작품을 눈여겨보아야 할 충분한 이유가 되지만 이 작품의 매력은 거기서만 나오지 않는다.

　역자도 후기에서 얘기하고 있지만 이 작품의 재미는 많은 부분, 말에 달려 있다. "하면 안 되는 일을 하고 있는 게 아닌가" 하고 "불안하고 염려스러웠"다는 역자의 고백이 얼마나 사실인지는 나 또한 번역자로서 완전하게 공감할 수 있다. 사실, 이런

"Have fun!"　93

유의 작품은 번역이 거의 불가능하다. 그런 의미에서 나는 동화 작가이기도 한 역자의 번역에 칭찬을 아끼고 싶지 않다. 그 많은 말장난이라니! 어린이 문학이 아이들을 '가르친'다고 할 때 그것은 모럴만을 의미하지 않는다. 어린이 책 작가들에게는 말을 가르칠 의무도 있다. 바야흐로 21세기의 우리 아이들은 영어와 한자와 인터넷 신조어까지 합하면 몇 개 국어(?)를 뒤섞어서 사용하고 있는지 모른다. 이 혼란의 와중에서 작가들이 가장 먼저 모국어를 갈고닦는 노력을 보여주어야 한다. 그래서 말들이 아이들에게로 떼구루루 굴러갈 수 있는 탄력성을 지닐 수 있다면 그때는 책 읽는 일이 아이들에게 그야말로 신나고 재미있는 일, 역자가 고민하는 'fun'이 될 것이다!

선생님과 칠판

『조커』*
『칠판 앞에 나가기 싫어』**

새 봄이 다가온다. 입학철이 다가온다. 겨우내 집에서 뒹굴던 아이들이 유치원으로 학교로, 세상 속으로 들어간다. 새로운 세계에 대한 두려움과 호기심이 어찌 없을 것인가. 나이가 어릴수록 두려움이 강하고 좀 큰 아이들일수록 호기심이 강하다. 그런 두려움과 호기심을 다룬 책들은 많이 나와 있다. 처음으로 유치원에 가는 아이들은 엄마 품에서 떨어지는 일이 어려워 힘이 들고, 초등학교에 입학하는 아이들은 긍정적이든 부정적이든 공부나 선생님에 관심이 많다. 입학 혹은 개학 첫날 운동장에 주욱 늘어선 선생님들 중에서 가장 좋아 보이는 선생님을 점찍으면서 과연

----

* 수지 모건스턴 글, 미레이유 달랑세 그림, 김예령 옮김, 문학과지성사, 2000.
** 다니엘 포세트 글, 베로니크 보아리 그림, 최윤정 옮김, 비룡소, 1997.

우리 반 선생님이 될 것인가를 자못 궁금해했던 기억이 우리 모두에게 있다.

요즘 아이들도 그렇다. 『조커』에 나오는 샤를네 반 아이들도 그랬다. 그래서 젊고 잘생기고 운동 잘하는 선생님 대신 흰머리에 배가 나온 "뚱뚱한 아저씨가 걸리"게 된 것을 알고는 모두 "솔직히, 확실히 그리고 완전히" 실망한다. 그러나 한 학년을 선물 주기 좋아하는 노엘 선생님('노엘'은 프랑스 말로 크리스마스를 뜻한다)과 보내고 나서 아이들의 실망은 사랑으로 바뀐다. 선생님이 아이들에게 인생에는 조커가 있다는 사실을 그리고 그 조커는 사용하지 않으면 없어져버린다는 것을 가르쳐주었기 때문이다. 노엘 선생님은 평범하고 맘 좋은 아저씨 같은 겉모습과 달리 아이디어가 무궁무진한 사람이다. 끊임없이 아이들에게 선물을 하는가 하면 '데이비드 커퍼필드'를 읽게 하고, 아이들을 우체국에 데리고 나가서 줄서는 게 얼마나 지루한지 체험하게 함으로써 살아가는 데 꼭 필요한 인내를 가르친다. 이렇게 제멋대로(?)인 선생님이 진짜 있을까라는 독자들의 물음을 안다는 듯이 작가는 교장 선생님으로 하여금 노엘 선생님을 해고하게 만든다. 하지만 아이들은 노엘 선생님을 위해 커다란 조커, "행복하고 영예로운 은퇴 생활을 위한 조커"를 만든다. 아이들이 조커를 통해서 인생을 이해하게 된 것이다.

하지만 학교 생활이 그렇게 간단치만은 않다. 선생님들도 여러 부류가 있는 것처럼 아이들도 그렇다. 나서기 좋아하는 아이에게는 기다려지는 발표 시간이, 소심하고 내성적인 아이에게는 견디기 어려운 스트레스일 수도 있는 게 학교 생활이다. 『칠판 앞에 나가기 싫어』에 나오는 에르반이 목요일만 되면 배가 아픈 건 바로 그런 까닭이다. 에르반네 담임 선생님은 목요일만 되면 한 사람씩 골라 칠판 앞에 나와서 수학 문제를 풀게 한다. 에르반은 칠판 앞에만 나가면 구구단도 생각이 나지 않을뿐더러 자신이 바보가 된 것 같은 생각에 배가 더 아파오는 아이이다. 그런 에르반이 스스로 손을 들고 칠판 앞에 나가서 구구단을 외우는 사건이 일어난다. 담임 선생님의 출장으로 대신 수업에 들어온 비숑 선생님이 얼굴이 빨개지고 어디를 쳐다봐야 할지 몰라 힘들어하는 모습을 보면서 자기와 같은 사람이 있다는 것이 놀랍고도 반가워 도와주고 싶은 마음이 생긴 까닭이다.

학부모들 입장에서 보면 창의력이 죽은 획일적인 교육을 하는 데가, 비판받고 개혁되어야 할 데가 우리나라 초등학교다. 교사들 입장에서 보면 열린 교육 열풍에 어설프게 물든 탓에 심지어 교실에 가만히 앉아서 교사의 말에 귀 기울이는 가장 기초적인 일조차 못 하는 아이들이 한 반에 한두 명은 꼭 있어서 정말 가르치기 힘든 게 초등학생들이다. 하지만 아이들 입장에서 보면 누가 뭐라고 해도 학교는 친구들이랑 어울려서 하루의 많은 시간을 보내는 곳, 자신들의 삶이 있는 곳이다. 아무리 문제투성이인 학교에서도 아이들은 뛰어놀고 끊임없이 재잘대며 특유의 생명력을 보여준다. 그런 아이들이 가장 쉽게 호기심을 나타내는 책 역시, 교실에서 일어나는 일들을 다룬 책이다. 『조커』도 『칠판 앞에 나가기 싫어!』도 그런 학교 생활 이야기이다. 앞의 책은 한 학년이라는 긴 시간을 다루고 뒤의 책은 수업 동안이라는 짧은 시간을 다룬다. 『조커』는 기발한 아이디어를 통해서 현실을 비판하는 동시에 인생에 대한 통찰을 보여주지만, 『칠판 앞에 나가기 싫어』는 지극히 평범하고 어느 반에나 몇 명씩 있을 것 같은 아이들의 마음을 자세히 들여다봄으로써 아이 스스로 자신의 문제를 극복하도록 도와준다. 노엘 선생님 같은 선생님이 없다는 걸 잘 알면서도 아이들은 '조커' 흉내를 내고 싶어하고, 에르반처럼 쉽게 발표력이 생기지 않는다는 걸 알면서도 아이들은 『칠판 앞에 나가기 싫어』를 읽으면서 카타르시스를 느낀다. 어른들도 마찬가지다. 책읽기는 이렇게 즐겁다.

복잡한 슬픔

『아빠가 내게 남긴 것』*

우리의 일상적 자아가 그것을 의식하는가 하지 않는가와는 관계
없이 삶은 죽음과 연관되어 있다. 이 점은 아이들에게도 마찬가
지이다. 아니, 죽음은 의외로 아이들에게 가깝다. 얼마나 많은 아
이들이 죽음을 경험하는가. 부모나 형제의 죽음과 같은 예외적인
경우가 아니더라도 조부모 심지어 애완 동물의 죽음을 대부분의
아이들은 겪으면서 자란다. 이제, 아동문학도 죽음이라는 주제를
애써 피해가려고 하지는 않는다. 그런 점에서 서구의 문학은 우
리보다 앞서 있다. 그런데 그들이 죽음을 다루는 방식은 거의 공
식화되어 있다. 죽은 사람(동물)은 우리 곁을 떠나지민 그와 함

---

* 캐럴 캐릭 글, 패디 부머 그림, 지혜연 옮김, 베틀북, 2000.

께했던 시간들은 남아 있으며 따라서 그는 우리 안에 영원히 살아 있는 것이라는, 그러니까 죽음은 슬프지만 아름다운 추억으로 간직된다는 식의 정리가 그것이다.

하지만 사실은 그렇게 간단하지가 않다. 『아빠가 내게 남긴 것』이라는 작품은 한 사내아이가 어느 날 갑자기 암 선고를 받은 아빠에게 서서히 다가오던 죽음을 치러내고 받아들이면서 자기 안에 힘겹게 쌓여가는 말들을 '털어놓는' 형식으로 되어 있다. 죽음이라는 것, 끝이라는 것, 사라진다는 것에 대해 아이들이 무슨 생각을 할 수 있을 것인가. '우리 까불이'에게 찾아온 아빠의 죽음은 단일한 검정색이 아니다. 장례식에 찾아온 사람들, 위로 편지를 보내준 반 아이들과 학교 선생님들에게는, 까불이 아빠의 죽음이 어떻게 위로해야 좋을지 모르는 슬픔일 뿐이다. '아빠'가 죽었다고 해서 그들에게 달라진 것은 하나도 없다.

슬픔. 아빠를 잃은 아이가 어찌 슬프지 않을 수 있으랴. 그러나 아이의 감정은 슬픔이라는 한 가지 이름으로 부르기엔 너무나 복잡하다. 남들 다 있는 아빠가 없어서 억울하기도 하고, "가슴 깊은 곳에서 편안함이 밀려오던" 아빠의 가슴에 안길 수 없어서 허전하기도 하며, 꼭 필요할 때 없는 아빠한테 화가 나기도 한다. 아빠에 관한 이야기를 입에 올리면 남들이 불편해할까 봐 신경이 쓰이고, 남들 앞에서 울어도 되는지 아닌지 몰라서 불안하

며, 옷장 속에서 발견된 아빠의 스웨터 한 장에 울음이 복받치기
도 하고, 아빠의 모습이나 목소리가 기억나지 않을 때는 두렵기
도 하다.

그렇게 남은 자(아이)는 떠난 자(아빠)의 죽음을 살아낸다.
아니, 삶도 죽음도 그렇게 기억과 망각으로 아이 혹은 어른인 우
리를 관통하면서 흘러가고 또 되돌아온다. 그리고 그것은 우리들
모두에게 언제나 처음이고 유일한 체험이다.

연령별 국어 교육

『아기캥거루와 겁쟁이 토끼』*

어린이 문학은 일반 문학에 비해 가르친다는 기능이 강하다. 그 가르침은 독자 대상인 아이들이 어리면 어릴수록 구체적이고 명료한데, 혼자 읽기의 즐거움을 배워나가는 초등학교 저학년용 책이 특히 그렇다. 우리나라 동화책들은 아쉽게도 연령별 국어 교육에 그리 적극적이지 않다. 그러나 서구의 책들을 보면 읽기 첫 단계(초등학교 저학년) 수준의 책들은 체계적인 언어 학습과, 아이가 자라면서 당연히 익혀야 할 덕목들이 씨실과 날실처럼 짜여 있는 책들이 참 많다. 『아기캥거루와 겁쟁이 토끼』도 그런 책이다.

---

* 파울 마르 글 · 그림, 유혜자 옮김, 중앙출판사, 2000.

남의 말을 끝까지 주의 깊게 듣지 못해서 엉뚱한 착각을 하는가 하면, 경계심이 별로 없고 자기 생각에만 몰두해 있는 단순하기 짝이 없는 아기캥거루와 낯선 것을 몹시 두려워하는 겁쟁이 토끼는 동전의 양면처럼 아이들의 특성을 대변한다. 인간은(아니, 동물도) 본능적으로 자신에게 익숙지 않은 것을 두려워한다. 갓난아기들의 낯가림을 보라. 또, 잠시라도 엄마가 눈에 보이지 않으면 울음을 터뜨리는 유아들을 보라. 그들이 겪는 감정은 순간적일망정 세상에 혼자 버려진 것 같은 공포감과 고독감일 것이다.

자란다는 것은 그렇게 낯선 세상을 마주할 힘을 기르는 것이다. 그리고 낯선 것은 그렇듯 두렵기만 한 것이 아니라는 것을 알아가는 것이다. 화창한 날씨에 겨우 산딸기를 따러 숲으로 가면서 며칠씩 야영을 떠나는 것처럼 우산에 구급 약품까지 챙긴 배낭을 짊어지지 않으면 안심하지 못하는 겁쟁이 토끼는 모든 것을 극도로 경계하면서 몸을 움츠린다. 그래서 행동에서는 언제나 뒤처지지만 대신 사려 깊다. 절벽에 떨어진 생쥐와 방울뱀을 구출하고 우산 가득 산딸기를 따올 수 있었던 것도 그런 겁쟁이 토끼 덕분이다. 이처럼 결코 필요할 것 같지 않았던 장비들이 유효적절하게 사용되자 친구들이 그의 가치를 새롭게 발견하게 되는 것은 물론이다.

　길을 떠나 어려운 과제를 해결하고 행복하게 귀향하는 전통적인 동화 구조를 아주 현대적으로 답습하고 있는 이 작품은 어른에게나 아이에게나 아주 다정하게 다가온다. 어쩌면 밋밋할 수도 있는 이런 주제는 수수께끼 같은 낱말놀이와 적절한 문장 반복으로 인한 리듬감 그리고 유머 감각 때문에 생동감 있게 다가온다. 재치 있는 번역도 눈에 띈다. 번역이 우리말의 순수성을 오염시키는 주범으로 자주 비난받고 있지만 실제로는 우리말을 정확하고 풍요롭게 만들기도 한다는 점에도 주목할 필요가 있다.

꿈과 현실의 공존

『사과나무 위의 할머니』*

우리말로 '꿈을 꾸다'를 뜻하는 프랑스어 'rêver'는 원래 '떠돌아다니다vagabonder'라는 뜻으로 쓰였다. 그러던 것이 오늘날과 같은 뜻으로 쓰이게 된 것은 17세기 후반부터이다. 떠돌아다닌다는 것은 목적 없이 여기저기 다닌다는 뜻이다. 목적으로 가득한 어른들에게는 쉬운 일이 아니다. 그러나 목적이 별로 없을 뿐만 아니라, 해서는 안 되는 것들이 너무 많은 아이들은 경우가 다르다. 머릿속으로 여기저기 돌아다니는 일이야말로 아이들이 가장 많이 하는 일이다. 어떤 아이든, 얼마나 뜬금없이 엉뚱한 말들을 해대는가! 이른의 세계에서 꿈과 현실은 공존할 수 없지만 아이

---

* 미라 로베 글, 수지 바이겔 그림, 전재민 옮김, 중앙출판사, 2000.

들에게는 그럴 수 있다. 『사과나무 위의 할머니』는 그 형상화에 성공하고 있다.

할머니란 아이들에게, 양육의 책임 때문에 통제와 간섭을 많이 할 수밖에 없는 부모들과는 달리 무한히 받아들이고 베풀기만 하는 존재이다. 친할머니도 외할머니도 없는 안디는 친구들의 자랑을 통해서, 할머니란 놀이동산에 데려가거나, 선물을 한 아름 사들고 나타나거나, 손수 털실로 모자를 떠주는 존재라고 이해한다. 그런 안디에게 할머니의 부재는 충분히 결핍이 된다. 그 결핍이 안디의 머리 속에 '사과나무 위의 할머니'를 만들어낸다. 할머니는 안디를 놀이공원에도 데려가고 미국 껌도 주고 물론 손수 털실 모자도 떠준다. 그뿐인가. 우산에 침대에 선풍기 그리고 샌드위치와 음료수까지 단추만 누르면 척척 나오는 자동차에 안디를 태우고 초원으로 야생마를 잡으러 떠나기도 하고 인도로 호랑이를 잡으러 나서기도 한다.

'사과나무 위의 할머니'는 당연히, 아무도 믿어주지 않는 안디만의 할머니다. 안디가 그 할머니의 꿈에서 깨어나게 되는 것은 부모나 형제들의 걱정이나 놀림 때문이 아니라 옆집으로 이사 온 핑크 할머니 덕분이다. 관절염을 앓으면서도 삯바느질을 해서 살아가는 가난한 할머니. 캐나다로 떠난 손녀딸들에 대한 그리움을 먹고 살아가는 할머니. 뭐든 해주기는커녕 오히려 안디의 도움을 필요로 하는 할머니. 안디는 비로소 '할머니라는 꿈'에서 깨어나 '인간 대 인간'으로 할머니와 만난다. 하지만 핑크 할머니는 자기 때문에 안디가 자기만의 재주꾼 할머니를 잃어버릴까 봐 걱정이다. 결국 핑크 할머니와 안디는 각각 '사과나무 위의 할머니' 그리고 '캐나다에 있는 손녀딸들'을 만난 얘기를 실컷 털어놓는 사이가 된다. 그리하여 안디는 할머니가 둘이면 더 좋다는 멋진 생각도 하게 된다. 꿈과 현실이 그처럼 사이좋게 공존한다면 인생은 얼마나 아름다우랴! 참으로 다행스럽게도 아이들에게는 그런 일이 종종 가능하다.

아이들이 하는 사랑은

『사랑에 빠진 꼬마 마녀』*

아이들도 사랑을 한다. 엄마나 아빠에 대한 사랑말고 이성에 대한 사랑을. 아직도 남녀가 내외하는 것을 당연하게 생각하는 할머니 할아버지들과, 이성 교제라면 여고생이 화장실에서 아이를 낳았다거나 청소년 탈선 같은 것이 걱정되는 엄마 아빠들과, "개랑 재랑 커플이야"라고 말하는 초등학교 아이들이 공존하는 시대를 우리는 살고 있다. 아이들의 사랑을 어떻게 받아들여야 할까?

사실, 동화 속에는 '사랑'이 많이 나온다. 주로 공주와 왕자의 사랑 얘긴데, 그들의 사랑은 역경을 헤쳐나가는 마술적인 힘

----

* 군터 프로이스 글, 질케 브릭스 헹커 그림, 김경연 옮김, 길벗어린이, 2000.

이 되다가 드디어는 '결혼해서 오래오래 행복하게 살았습니다'로 끝난다. 한마디로 수많은 동화에 등장하는 사랑은 결국 '결혼할 수 있는' 어른들의 사랑이다. 그렇다면 '결혼할 수 없는' 아이들의 사랑은 어떤 걸까? 적어도 그것은 이루어질 수 없다거나 있다는 결과 때문에 비극이 되기도 하고 분홍빛 꿈이 되기도 하는 그런 사랑은 아니다.

결과에 집착할 줄 모르는 초등학교 아이들의 사랑은 발랄하기만 하다. 그런데도 어른들이 지레 걱정을 하게 되는 건 역시 사랑에 대해 너무 많이 알고 있기 때문이다. 『사랑에 빠진 꼬마 마녀』는 아이들이 겪는 그런 사랑의 '결과'가 아니라 '과정'을 상큼하게 보여준다. 지저분하고 제멋대로인 토스카넬라와 깔끔하고 예의 바른 에르네스트, 정반대인 그 두 존재가 사랑에 빠지면서 서로에게 어울리기 위해 자신을 변화시키려고 노력한다. 그러자 "넌 나처럼, 난 너처럼" 되어 또다시 반대가 되어버렸다. "자유롭게 사랑하며 살다 보면 결국엔 이렇게 될" 텐데 "생각을 너무 지나치게 한" 결과다.

꼬마 마녀 '나는야, 나는 게 즐거워', 돼지 '날 잡아먹지 마세요', 치과 할머니 '무슨 이빨이든지 다 뽑아', 마녀 학교 선생님 '누가 알아줘' 그리고 까치 '수다 떨기는 멋져', 생쥐 '가난하고 배고파', 박새 '하늘처럼 파랗다구'. 이들이 등장하는 가운데, 톡

톡 튀는 유머와 말놀이 속에 사랑에 대한 가장 기본적인 진실을,
그리고 학교와 가르침과 사회에 대한 비판을 담고 있는 이 작품
은 토스카넬라와 에르네스트가 빗자루를 타고 "모든 담과 울타
리를 넘어" 함께 날면서 외우는 '꼬마 마녀의 구구단'만큼이나
유쾌하기 짝이 없다. "일일은 일. 내 마음을 가져가. 난 네 마음
을 가질게…… 삼사 십이. 열두 번을 생각해봐도 우리는 아무것
도 부럽지 않아……."

간결한 것의 아름다움

『산골아이』*

우리 어린이 문학 작품들을 읽노라면 간결미에 대한 갈증이 느껴질 때가 너무 많다. 목이 타도록. 많은 작품들이 있어도 좋고 없어도 좋은 장신구처럼 낱말들을 전시하고 있기 때문이다. 인위적인 수식어의 남용, 아이인 척하는 어른들의 허황된 말장난……이런 와중에 황순원 선생께서 어린이를 위한 단편 몇 작품을 남기셨다는 사실은 우리 어린이 문학을 위해 고무적인 일이다.

간결한 것이 얼마나 아름다울 수 있는지를 황순원 선생만큼 여실하게 보여준 작가가 한국문학사에 또 있었던가. 중학교 교과서에 실려 있는 단편 「소나기」는 문체가 무엇인지 아직 알지 못

---

* 황순원 글, 신용섭 그림, 가교, 1997.

하는 아이들마저도 간결한 것의 아름다움을 강렬하게 체험하도록 해준다. 선생의 동화집 『산골아이』도 예외가 아니다. 최소한의 낱말들로 최대한의 의미를 담는 문장들. 더러는 마침표와 마침표 사이로 숨어버린 말들 때문에 생겨나는 긴장감.

　　이 책 속에 들어 있는 「골목안 아이」와 「산골아이」의 서술어 부분을 특히 눈여겨보자. '……했다'와 '……한다'라는 종결어미가 섞여 있다. '……했다'가 사건의 진행을 알리는 반면 '……한다'는 심리나 정황의 묘사에 생생함을 더한다. '……했다'라는 종결어미는 행위의 시간과 서술의 시간 사이에 놓인 거리를 드러낸다. 이 작품들 속에서 시제와 관계없이 사용된 '……한다'는 그 거리를 없애버림으로써 한층 강렬하게 읽는 이의 감각을 파고든다. 이처럼 '……했다'뿐만 아니라 '……한다'까지 사용한 선생의 문체는, 별 생각 없이 '……했어요'나 '……했습니다'라는 종결어미를 고집하는 태도들 때문에 종종 의미의 제한이 일어나는 어린이 문학 작품들의 문체에 시사하는 바가 크다.

　　'……했다'는 자기 고백적인 데가 있지만 '……했습니다'나 '……했어요'는 독자로 하여금 서술자의 존재를 의식하게 만드는 말투이다. 이러한 서술자의 개입은 글쓰기나 책읽기의 충분조건인 외부와의 단절 혹은 고독을 방해한다. 비록 자기 반성적이지 않은 것이 아이들의 특성이지만, 책을 읽으면서는 아이들도 자기 자신의 내면과 만난다. 텍스트와 독자 사이에 간단 없이 서술자가 개입하는 느낌을 주는 '……했습니다'나 '……했어요'라는 종결어미는 독서 행위 중에 생겨나는 일종의 밀실 같은 공간의 은밀함을 해치기 쉽다. 「골목안 아이」나 「산골아이」를 읽노라면 마음속에 그림이 떠오르는 건, 종결어미의 형태에 대한 면밀한 계산에 힘입은 바가 커 보인다.

그럼에도 불구하고…… 시대에 뒤떨어진 삽화와 편집 디자인은 선뜻 이 책에 손이 가지 않게 만든다. 때로…… 어린이 문학은 이렇게 불행하다.

고학년

'봄, 봄, 봄, 봄, 봄이 왔어요!'

김중미의 최근작들*에 대하여

"어!? 『괭이부리말 아이들』 2권이 나왔어요?" 김중미의 작품을
역시대순으로 읽고 있던 내가 엉뚱한 사람으로부터 느닷없이 받
은 질문이었다. '느낌표!'의 위력을 실감하며 나는 질문의 진원
지로 눈길을 돌렸다. 장소는 동네 미장원이었고, 그 사람은 손님
도 아니었고 게다가 남자였다. 무척 젊어 보이는 것으로 보아 아
마 물품을 배달하는 사람쯤 되는 것 같았다. 그러니까 교사나 학
부모 혹은 아이 아버지도 아닌 것 같았다는 말이다. 어린이 책을

---

* 『내 동생 아영이』, 권사우 그림, 창작과 비평사, 2002.
　『종이밥』, 김환영 그림, 낮은산, 2002.
　「희망」, 『또야 너구리의 심부름』(권정생 외), 창작과 비평사, 2002.
　『괭이부리말 아이들』, 송진헌 그림, 창작과 비평사, 2000.
　『우리 동네에는 아파트가 없다』, 유동훈 그림, 도깨비, 2002.

읽는 어른이 급속도로 늘어가는 것을 기쁘면서도 신기하게 여기고 있는 나는 반가운 마음에 "그게 아니구요, 아마, 요즘에 나오신 책을 보셨을 거예요. 처음에는 이렇게 두 권으로 나왔거든요" 하고 대답해주었지만 남자는 내 말을 별로 믿는 것 같지 않았다. 나는 짐짓 "한번 보실래요?" 하고 책을 건네주었다. 맨 마지막 장을 확인해본 그가 만족스런 목소리로 "아, 맞네요! 봄, 봄, 봄, 봄, 봄이 왔어요, 이거 맞아요!"라고 말하는 것을 들으며 나는 가슴이 먹먹해졌다. 전혀 바라지 않은 순간, 기대하지 않은 곳에서 좋은 소식을 들었을 때처럼. 책의 마지막 문장을 기억하고 있는 독자라니…… 그의 입에서 흘러나오는 "봄, 봄, 봄, 봄, 봄이 왔어요"라는 여운이 진한 문장은 노래보다 더한 울림으로 번져와서 나를 한동안 멍하게 만들었다.

　봄이 상징하는 것은 물론 희망일 터이다. 하지만 그 희망은 낙관과는 거리가 멀다. 처녀작 『괭이부리말 아이들』에서부터, 실제로는 오래전에 어린이 신문 『굴렁쇠』에 연재되었지만 얼마 전에야 책으로 나온 『내 동생 아영이』에 이르기까지 철저하게 만석동에 머물고 있는 김중미가 말하는 희망을 가장 단적으로 보여주는 작품은 아마도 단편 「희망」일 것이다. 매일 술을 마시고 들어와 엄마와 자기를 때리는 아버지로부터 벗어날 수 없는 석이가 인생에 지쳐 달아나는 이야기에 작가는 희망이라는 제목을 붙였다. 석이의 삶에는 어떠한 희망의 흔적도 보이지 않지만 '엄마와 함께' 도망가는 버스 속에 비쳐드는 '햇살'에 기대어 잠드는 아이의 모습을 지켜보노라면 이 아이를 물에 빠진 솜뭉치처럼 적셔놓고 있는 끝없는 그 고단함에 눈물이 나면서도 가슴속 깊숙이 희망이라는 낱말이 어렴풋이 전해져온다. 삭막한 겨울날, 가진 것 하나 없이 옹송그리고 앉아서 쬐는 한줄기 햇살처럼.

김중미의 글이 이처럼 사람의 가슴을 울리는 것은, 그가 만들어낸 송이(『종이밥』)나 아영이(『내 동생 아영이』) 그리고 동수, 동준이, 호용이, 숙자와 숙희(『괭이부리말 아이들』) 또는 석이(「희망」) 같은 아이들이 생생하게 살아 있는 것은, 작가의 삶과 글이 한데 어우러져 있기 때문이다. 이런 '큰이모'를 가진 '기찻길 옆 공부방' 아이들(김중미는 인천의 만석동에서 공부방을 운영하면서 큰이모로 불리고 있다)은 행복해 보인다. 그 아이들을 보듬는 작가의 눈길과 몸짓이 아픈 사랑으로 가득하기 때문이다. 그리고 그런 작가에게 독자들은 존경과 믿음을 보낼 수밖에 없다. 그런데 『괭이부리말 아이들』『종이밥』『우리 동네에는 아파트가 없다』『내 동생 아영이』를 연이어 읽고 나니, 한 가지 소재와 주제가 매번 되풀이되는 바람에 얼핏 다 같은 작품으로 느껴진다. 아영이와 송이는 내 기억 속에 동일 인물처럼 남아 있고 (아영이 오빠와 송이 오빠도 마찬가지이다), 쌍둥이지만 또렷하게 대조적인 개성을 지녔던 숙자, 숙희와는 달리 상윤, 상구, 상미, 상희 4남매는(『우리 동네에는 아파트가 없다』) 성격 구별이 별로 안 된다. 『괭이부리말 아이들』에서 영호 삼촌과 대비되었던 김명희 선생님도 자기가 그처럼 벗어나고 싶었던 괭이부리말로 너무 쉽게 돌아옴으로써 괭이부리말을 사랑하는 모든 다른 사람들과 비슷해 보인다.

괭이부리말은 굉장한 힘을 가졌다. 그 힘의 뿌리는 무엇보다도 정직하게 자신의 존재와 마주하는 작가 김중미에게서 나오는 것이지만, 한편으로는 소외된 자들의 삶을 조명했기 때문이며 또 텔레비전 프로그램 덕(?)에 어린이 문학으로서는 처음으로 베스트셀러가 되었기 때문이기도 하다. 그래서 그런지, 한 번도 본 적은 없지만 기찻길 옆 공부방 아이들이 내게도 아주 친근하게 느껴진다. 우리가 김중미를 만난 것은 분명 행운이다. 만석동 아이들에게뿐만 아니라 우리 아동문학에도. 그럼에도 불구하고 이제 그의 작품을 다 읽고 나니 걱정이 생긴다. 문학이란 삶의 진실을 말하는 것임에 틀림없지만 다큐멘터리가 아닌 다음에야 '거짓말'이 아닌가. 정교하게 짜여진 거짓말들이 진실을 만들어 내는 것이 바로 예술이 아닌가. 『우리 동네에는 아파트가 없다』를 펼쳐들었을 때 나는 김중미가 같은 소재를 새롭게 다루기 위한 장치로서 일기 형식을 택했다는 반가운 마음이 들었었다. 그런데 다 읽고 나자 그것이 문학의 한 가지 형식이라기보다는 어쩐지 '받아쓰기' 같다는 느낌을 지울 수 없었다. 아이들과 함께 뒹굴며 오로지 그 아이들을 위해서 사는 김중미에게 그것은 어쩌면 당연한 일이다. 하지만 괭이부리말의 이야기가 보편성을 얻기 위해서는 '거리'가 필요하다. 그런데…… 김중미에게 괭이부리말로부터 거리를 두라고 말하는 것은 그녀의 실존을 통째로 뒤흔드는 것처럼 보인다. '김중미'라는 이름이 가지는 상업적 효과를 보면서, '느낌표!'의 여파를 지켜보면서 다음과 같은 물음이 생긴다. 우리가 김중미에게 너무 많은 것을 요구하고 있는 것은 아닌가? 한 사람의 신인이 훌륭한 작가로 차분하게 커갈 수 있도록 기다려줄 수 없을 만큼 우리는 바쁜가, 그렇게 바빠야만 하는가?

닭 잡는 것 보고 울었던 아이,
닭고기 못 먹는 게 정상

『모래밭 아이들』*

모래밭에서라면 아이들은 맘껏 뒹굴고 놀 게 분명하다. 그렇게 긍정적으로 생각할 수 있는데 왜, 제목만 보고서 이 책을 나는 '문제아'들 이야기 혹은 '참교육' 이야기일 거라고 짐작했는지 모르겠다. 그리고 정작 이 책을 읽으면서 나는 불편한 기분을 지울 수 없었다. 다시 말하면 작품 속에 완전히 빠져드는 일이 불가능했다는 뜻이다. 그것이 작품 때문인지, 시간에 쫓기는 내 형편 때문인지 따져보는 일은 그만두기로 한다.

이 작품을 읽고 난 나는 '서평'을 쓰려는 생각을 하지 않는 것이 좋겠다는 판단을 내리는 중이다. 굳이 시간적, 심리적 여유

가 없어서라기보다는 내가 『모래밭 아이들』을 읽으면서 온통 현실과 이야기를 혼동하고 있기 때문이다. 그리고 이상하게도 얼른 이 상태에서 벗어나 명료해지기보다는 더욱더 이 책 속에 나오는 아이들과 어른들을 실존 인물로 생각하고 싶어진다. 아니, 거꾸로, 현실을 소설처럼 생각하고 싶어진다. 현실을 소설처럼 생각하다니! 소설에는 끝이 있고 다시 시작할 수도 있지만 현실은 그렇지 못하지 않은가. 심지어 기록 문학이라고 해도, 누군가가 '기록'하고 있는 동안에도 현실은 그 기록의 틀을 벗어나 계속되고 있지 않은가.

임시 교사 구즈하라 준이 맡은 3학년 3반 아이들은 특별하다. 그래서 이상(?)하다. 얼마나 이상하냐면, 일본의 제도권 교육 속에서 희생되고 있는 아이들이라기보다는 영국의 서머힐쯤은 되는 학교에서 분방하게 자라는 아이들 같아 보인다. 잘 나가는 방송국 기자 생활을 그만두고, 유기농 공동체 '무한숙'에서 일하다가 늦은 나이에 임시 교사가 된 구즈하라 준이 아이들 눈에 '선생님 같지 않'아 보이는(이 말은 사실 굉장한 칭찬이다) 만큼 내 눈에는 모래밭 아이들이 교복과 학교에 갇힌 아이들 같지 않아 보인다. 아니, 좀더 정확히 말하면 이 아이들만큼 조리 있게 말할 줄 알고, 자기 의사가 분명하며, 개성이 넘치고 사물과 상황에 대한 날카로운 판단을 가졌다면 그깟 학교에서 '문제아' 취급 받는 것쯤은 어떠랴 싶다.

급기야 나는 열다섯 살짜리 딸에게 이 아이들에 대한 의견을 물어보았다. 아이의 대답은 단호했다. 이 작품은 '이상주의적'이며(아이는 이 작품의 어떤 부분에 대해서 어떤 의미로 이런 말을 했는지 모르겠지만 나는 왠지 아이의 말투에서 미움을 읽었다. 그리고 어쩐지 미안해서 따져 묻지도 못했다. 우리 아이들에게는 구즈하라 준 같은 선생님은 절대로 없지 않은가!) 실제의 아이들은 그렇지 않다는 것이다. 가끔 그렇게 똑똑한 아이들이 있지만 그런 아이들은 문제아는커녕 공부 잘하는 아이들이라는 것.

그렇다. 아이의 말에 나도 동의한다. 반항아, 문제아로 학교가 낙인찍기 좋아하는 아이들에 대해서라면 나는, 소설에 나오는 폭력적인 이미지들과는 달리, 실제로는 착하다(얼마나 모호한 형용사인지 모르겠다. 하지만 이 낱말은 한국어에서 우리 모두가 이해할 수 있는 어떤 느낌을 정확하게 담고 있다)는 것을 알고 있다. 그러니까 그 '착한' 아이들은 니시 분페이나 간바라 미치코 혹은 호시노 도시오처럼 단호하거나 날카롭지 않다는 뜻이다. 그리고 그건, 역시, 작품 속이 아니라 내가 알고 있는 현실의 이야기이다.

『모래밭 아이들』은 교육 현장에 대한 비판적 기록 혹은 토론의 장이라고 해도 좋을 것 같다. 구즈하라 준도 그의 반 아이들도 그만큼 논쟁적이다. 그 논쟁의 절정은 주말 농장 체험에서 니시 분페이와 무한숙 대장이 벌이는, 닭을 잡는 것에 대한 토론이다. 니시는 이렇게 말한다.

"저는 목이 잘려나간 닭을 보고 울었던 아이는 닭고기를 먹을 수 없는 것이 자연스러운 일이라고 생각합니다. 무한숙 사람들은 도시 사람들로서는 쉽게 이해할 수 없는 것을 단 한 번의 체험으로 이해시키려고 했기 때문에, 오늘 많은 아이들이 상처를 입었다고 생각합니다. 사람은 한번 마음의 상처를 입으면 오랫동안 치유되기 어려운데도 말입니다."

정말 그렇다, 이념에 봉사하는 작품들은 하나같이 단번에 독자를 자기 편으로 만들고자 한다. 어른(작가)이 정한 결론을 아이(독자)들에게 일방적으로 전하려고 성급하게 구는 소위 '리얼리즘' 계열의 작품들이 우리에겐 얼마나 많은가! 『모래밭 아이들』은 '혁명' 같은 작품이지만 작가는 진보적인 어른들조차도 끊임없이 반성적인 사유를 하는 인물로 그리고 있다. 그것이 바로 하이타니 겐지로가 말하는 '아이들에게서 배운다'는 태도일 것이다.

　이 글을 쓰는 지금도 내 눈에는 에너지가 넘쳐나는 열다섯 살 아이들이 어른거린다. 그러나 나는 또한 그런 그들을 학교와 학원에 가두어놓아야 안심하는 대다수 대한민국 부모들을 이해할 수밖에 없다. 혼돈이다. 문학은 이렇게 안온한 일상을 방해하는 것이기도 하다

우리가 잃은 것들

『뢰제의 나라』*

무언가를 좋아하면 대개 말이 많아진다. 그런데 그 반대가 되는 경우도 있다. 『뢰제의 나라』를 읽고 나서도 그런 생각이 들었다. 사랑하면 그것을 말로 표현해야만 확실해지는 것은 아무래도 서양식 사랑법이다. 사랑의 표현 방식뿐이랴! 21세기 대한민국의 일상에서 서양식이 아닌 것을 얼마나 찾아낼 수 있을지 모르겠다. 그러니 익숙해질 때도 되었건만 독방을 벗어나 세상에 나가면 나는 자주 피곤하다. '안녕하세요, 어서 오세요, 감사합니다, 좋은 하루 되시기 바랍니다, 친절히 모시겠습니다, 무엇을 도와드릴까요, 성성을 다하겠습니다'…… 그저 하나의 사회적 코드

---

* 강숙인 글, 푸른책들, 2003.

가 되어버려 오히려 의미가 없어진 이런 말들을 도시에 사는 사람이라면 누구라도 하루에도 몇 번씩 듣게 된다. 언제부터 우리가 이렇게 말이 많아진 걸까. 게다가 그런 말을 하는 사람들은 대개 제복을 입고 상냥한 웃음을 띠고 있지만 그들의 마음은 입으로 내뱉는 말과는 달리 상대방을 배려한다기보다는 자기를 주장하고 있다는 느낌을 지울 수 없다.

시작부터 작품과는 상관없는 얘기가 길어졌지만, 『뢰제의 나라』를 읽으면서 내가 느낀 것은 바로 이런 식의 '몸에 맞지 않은 옷'에서 해방되는 듯한 편안함이었다는 걸 꼭 말하고 싶다. 어쩌면 나만, 아니 나처럼 전통적인 모럴을 지닌 부모에게 받은 교육이 몸에 배고, 서구식 합리주의 학교 교육이 머리를 온통 차지하고 있는 통에 은근히 자기 분열증을 앓을 수밖에 없는 불행한 세대의 사람들만 그런지도 모르겠다. 화려한 판타지 소설에 익숙한 열다섯 살 안팎의 아이들은 '뢰제'를 구하기 위해 '천랑'이 '푸룬 대제' '붉으나 대제' '검운 대제' '하야나 대제'의 성에서 길을 막고 있는 청룡, 주작, 현무, 백호와 싸우는 광경은 너무 시시하다고 말하기도 한다. 하지만 싸움이란 무력을 통해서 강한 자가 약한 자를 굴복시키는 것이라고만 알고 있는 우리 아이들에게, 인간이 맑았던 본래의 마음을 잃어버리지 않았다면 그런 싸움은 필요조차 없다는 걸 깨우쳐주기 위해서라도 『뢰제의 나라』

같은 작품을 읽힐 필요가 있어 보인다.

　주인공 다함이가 성질 급하지만 의로운 저승사자 '비두'의 실수로 '뢰제의 나라'에 갔다가 제자리로 돌아오는 이야기를 담고 있는 이 작품은 판타지 형식만으로도 충분히 재미있다. 환경이 파괴되고 문화재가 도둑맞는 고도(古都) 경주 언저리에 살면서 화랑의 정신을 본받으라고 가르쳤던, 이제는 저 세상 사람이 된 엄마, 음양오행 철학을 공부한 할아버지, 환경을 지키는 사람들의 모임에 둘러싸여 자라는 현대의 아이. 얼핏 틀에 박힌 설정으로 보이는 이런 다함이의 이야기가 탄탄한 것은 우리나라 선도(仙道)의 경전인 『옥추보경(玉樞寶鏡)』의 세계가 작품의 뿌리가 되어 있기 때문이다. 『삼국유사』나 유교의 경전보다는 서양의 신화나 성경이 오늘의 우리 아이들에게 더 익숙한지도 모른다. 그럼에도 불구하고 작가 강숙인이 보여주는 동양적 세계관이 그런 우리 아이들에게도 한지에 물이 스며들 듯 자연스럽게 빨려들 수 있는 것은 이 작품이 '전통' 혹은 '우리 것'을 강조하기 때문이 아니라 잘 짜여진 깊이 있는 상징 체계를 통해 주제를 문학적으로 형상화하는 일에 성공했기 때문이다.

　잘 씌어진 모든 작품이 그렇듯 이 작품의 장점도 한두 가지로 요약되지 않는다. 대개 재미와 의미가 씨실과 날실로 짜여진 작품은 지적인 자극을 일으키는데, 그 철학적 깊이에도 불구하고

이 작품은 이상하게도 편안함이라는 정서적 반응을 먼저 일으킨
다. 그건 아무래도, 합리적이고 신속하며 정확한 것을 추구하는
일상 속에서 우리가 본의 아니게 잃어버린 인의예지(仁義禮智)
에 대한 그리움을 작품 구석구석에서 느낄 수 있기 때문인 것 같
다. 그리움은 근본적으로 우리에게 '없는 것'에 대한 안타까움이
지만 부정적이기보다는 느리고 순하면서 사람을 정화시키는 감
정이다. 한 편의 문학 작품으로 그리움을 체험할 수 있다는 것은
역시 행복이다.

문학은 우리를 불편하게 한다

『조각난 하얀 십자가』*

방황하지 않고 자랄 수 있는지 나는 알지 못한다. 상처받지 않고 단단해질 수 있는지에 대해서도 뭐라고 말할 수 없다. 흔들리지 않고 자기를 확립할 수 있는지도 모르겠다. 어둠을 통과하지 않고 빛을 얻을 수 있는지도 알 수 없다. 갑자기 모든 것이 불확실해 보인다. 하지만 내가 어른이 되어온 과정을 생각해보면 그렇게까지 불확실하진 않다. 방황과 상처와 유혹과 어둠은 오히려 내 정신의 양식이었으니까. 그럼에도 불구하고 내 딸 세대의 아이들을 보면 그들은 그렇게 회의와 불확실의 땅을 딛고 암중모색을 벌이는 것처럼 보이지 않는다. 아니, 도대체 학교와 학원에서

----

* 신시아 라일런트 글, 김종민 그림, 박향주 옮김, 문학과지성사, 2002.

'현재'의 대부분을 보내는 아이들이 과연 무엇에 의문을 가져볼 시간이나 있을는지? 대체로 바로 한 치 앞만 내다보고 살아야 할 운명인 이 아이들이 불투명하거나 형이상학적인 것들에 관심을 가질 수 있기나 할까?

그러나 나는 인간의 삶은 동서고금을 통해서 별로 다르지 않다고 생각한다. 그러니까 꼭 인스턴트같이 생겨나고 소비되는 것처럼 보이는 요즘 아이들 문화 속에도 자세히 들여다보면, 내가 익히 알고 있는 것과 같은 '성장'의 흔적들이 가득할 것이라고 생각된다. 편리함만을 추구하는 것 같은 그들의 정신 세계에도 어쩔 수 없이 우리를, 그리고 그들을 불편하게 하는 우연 혹은 운명적인 만남들이 포진하고 있을 거라고 생각된다. 문학은 때때로 그런 아픈 흔적과 불편함의 기록이다. 가령, 피터라는 아이가 "나는 이제 조각이 아닌 전체를 볼 준비가 된 것이다"라고 말하게 되는 이야기인 『조각난 하얀 십자가』 같은 작품이 그러하다.

종교나 교회나 하나님이 아닌 한낱 목사인 '그 사람'에 의해 어린 소년이, 영혼이 통째로 흔들리는 경험을 하면서 거의 죽다가 살아나는 이야기인 이 작품은 사건의 움직임이 아니라 주인공인 피터의 내면의 움직임에 따라 서술되어 있다. 그런 만큼 좀 모호해 보이는 시작 부분을 '참을성 있게' 읽어나가던 나는 곧 또 다른 '참을성'을 발휘해야 했다. 조각난 하얀 십자가 이야기가 차츰차츰 나를 불편하게 만들기 시작했기 때문이다. '그 사람'에게서 구원받았다고 느끼며 존재 전체가 흔들리는 것을 경험하는 열네 살짜리 소년 피터에게 동질감을 느끼면서 나는 몇 번이나 내가 과연 정상인가 의심해야 했기 때문이다.

대개 어린이 문학 작품에는 이야기가 많다. 그래야만 어린 독자들의 주의를 충분히 잡아둘 수 있기 때문이다. 그런데 이 작품은 전혀 그렇지가 않다. 한 어린 영혼을 온통 뒤흔들어놓을 만큼 강렬한 감정들과, 미세한 공기의 움직임 하나에도 그 변화가 느껴질 만큼 조용하고 지루한 풍경들만 범벅이 되어 있을 뿐이다. 그 속에 몇 시간 혼곤히 빠져들던 나는 오래전에 일기장에 적어넣곤 했던 것들과 아주 닮은 문장을 발견했다. "하지만 이제는 안다. 누구한테든 아무것도 기대해서는 안 된다는 것을…… 아무것도 기대하지 마라. 내가 배운 것은 이것이다." 그리고 다시 한번 놀랐다. 어쩌면 이렇게 굉장한 얘기를 이처럼 간결하게 할 수 있는지에 대해서.

나는 어린이 문학과 일반 문학의 경계가 무엇인가를 자주 생각한다. 많은 경우, 대답은 불투명하다. 소재나 주제를 중심으로 생각하면 더욱더 그렇다. 하지만 이런 작품을 읽으면 아주 분명하게 대답이 생겨나는 것 같다. 단순하게 말하는 것. 그것이 어린이 문학의 핵심이 아닐까 한다. 아이들도 이해할 수 있도록 무조건 단순하게 말하는 것이라는 뜻이 아니다. 그게 아니라, 표현의 가장 완벽한 형태는 오히려 단순함이라는 생각이 든다. 그래서 어린이 문학은 어쩌면 문학의 가장 완벽한 형태인지도 모른다는 생각까지 든다.

모험, 몽상, 현실 그리고 가출

『길 위의 소년』*

국내 작가들이 쓴 몇 편의 동화를 연달아 읽었다. 답답하다. 별 사건도, 특별한 주제의식도 없이 고만고만한 아이들 생활을 그려 놓은 것도 그렇고, '문제'투성이인 또 다른 작품들도 그렇다. 이제 동화는 현실의 어둡고 추한 모습을 가린 채 분홍빛 세상을 그리고 있다는 비난에서 완전히 벗어난 것 같다. 부모의 이혼과 재혼, 장애아, 가정 및 학교 폭력 등등의 이야기가 요즘 창작 동화들의 주된 배경으로 정착 중인 것처럼 보인다. 현실이 그런데, 작품이 그런 현실을 담는다는 것이 문제라고는 생각하지 않는다. 하지만 그것이 소설이 아니라 어린이 문학 작품이라면 달라야 하

* 페터 헤르틀링 글, 페터 크노르 그림, 문성원 옮김, 소년한길, 2002.

지 않을까?

　한 편의 가능성 있는 작품, 좀 다르게 쓰는 한 사람의 작가를 만나기 위해 나는 늘 눈을 밝히려고 애쓴다. 그런데 그러다 자주 지친다. 그럴 때 위안이 되어주는 것은 종종 외국 작품이다. 그런 작가가 이번에는 페터 헤르틀링이다. 『할머니』와 『그 아이는 히르벨이었다』를 읽고 졸다가 깨는 사람처럼 정신이 맑아졌던 것을 기억하며 『길 위의 소년』을 집어들었다. 이 작품은 테오라는 소년이 가출을 했다가 다시 돌아오는 이야기를 담고 있다. 부모가 자주 싸우고 아이와는 전혀 대화를 시도하지 않기 때문에 테오는 집에서와 밖에서 아주 다르게 행동한다. 밖에서는 명랑하지만 집에만 들어오면 말없고 내성적인 아이, 천장에 가끔 나타나는 상상의 존재인 난쟁이 코크노텔하고나 이야기를 하는 아이가 된다.

　테오는 몇 살일까? 분명하지 않다. 이 글을 쓰는 지금도 다시 책을 뒤적거려보지만 작품 속에는 테오가 초등학생이라는 짐작만 할 수 있을 뿐 몇 살인지 알 수 있는 명확한 단서는 없다. 하지만 작품을 읽는 내내 나는 열 살 남짓한 아이가 되는 것 같은 기분에 빠져들었었다. 이런 것이 어린이 문학의 힘이라고 나는 생각한다. 테오는 엄마와 아빠가 자주 싸우는데다가 아빠가 술만 마시고 들어오면 엄마나 자신을 때리기 때문에 불안해하고 무서

워한다. 그리고 그것 때문에 가출한다. 하지만 집 밖의 세상은 더 무서운 일 천지다. 가출한 테오는 파파 슈누프나 케말처럼 힘든 삶을 살아가면서도 따뜻한 마음을 잃지 않는 사람들도 만나지만, 히치 하이킹을 하다가 어린아이를 노리는 성도착증이 있는 남자를 만나는가 하면 사기꾼들에게 이용당하기도 하고 낯선 도시에서 사과를 훔치다가 그 동네 패거리 아이들을 만나 억지로 담배도 피우고 술을 마시기도 한다. 어른의 눈으로 보면 테오에게 닥치는 이런 일들이 위험하기 짝이 없지만, 세상에 대해서 그렇게 많은 것을 알고 있지 않은 '몽상가' 테오에게 그 모든 사건들은 오히려 '모험'에 가깝다.

테오는 두 번의 가출 끝에 집으로 돌아오지만 상황은 그다지 나아지지 않는다. 부모는 이혼을 하지만 아버지의 폭력은 완전히 잦아들지 않고 엄마도 테오에게 온전한 의지처가 되어주지 못한다. 테오의 마음에 남아 있는 것은 오히려 모형 놀이장을 이끌고 떠돌이 생활을 하며 천식을 앓고 있는 파파 슈뉴프와 독일어도 제대로 못 하고 사랑하는 자기 아이들과 함께 있을 시간도 별로 없는 외국인 노동자 케말이다. 그들에게서 느낀 따뜻함이 테오의 가출을 의미 있는 것으로 만들어준다. 가족이 한 개인을 구속하는 정도 자체가 워낙 우리와 유럽의 상황이 다르기는 하지만 나는 테오의 가출로 인한 충격으로 엄마, 아빠가 달라지고 가족간의 화해와 결속이 이루어졌다는 식의 해피 엔딩으로 이야기를 마무리하지 않는 것이 헤르틀링이 가진 힘일 수 있다고 생각한다. 사실, 부모와 아이는 서로 얼마나 이해하지 못하는가. 그건 어쩌면 당연한지도 모른다. 작가가 그 점을 인정하느냐 안 하느냐에 따라서 작품이 완전히 달라진다.

'길 위의 소년'이 따뜻하게 느껴지는 것은 단순히 파파 슈누프나 케말 같은 '좋은 사람들' 때문이 아니다. 작가가 테오 같은 아이의 의식 속으로 들어가는 일에 성공하고 있기 때문이며 선생님이나 경찰이나 사회복지사 같은 제도적 장치를 의지할 만한 것으로 그리고 있기 때문이다. 사실 이 작품을 읽노라면 작가가 아이들에게 잔소리를 하는 것처럼 여겨지기도 한다. 어느 아이들의 마음 속에서나 자라날 수 있는 가출 욕망을 들여다보면서, 가출하면 고생이라고, 세상은 위험하다고, 일은 아주 나쁘게 될 수도 있다고, 그래도 따뜻하게 씻고 잘 수 있는 집이 있는 것은 다행이라고. 그런데 그런 잔소리(?)들이 전혀 진부하게 느껴지지 않는다. 이 작가의 문체가 어른의 입장을 아이들에게 이해시키려고 애쓰기보다는 집을 떠나면서 느끼는 아이들의 두려움과 호기심을 충분히 반영하고 있기 때문이다. 이런 게 '어린이' 문학이다.

문학 수업 혹은 인생 수업

『앙리의 문학 수업』*

어린이 문학에서 다룰 수 없는 소재나 주제는 없다, 다만 그것을 어떻게 다루는가가 문제이다, 라는 것이 평소 내 생각이었다. 그러면서도 어린이 문학 작품이 메타 픽션일 수는 없다는 것을 너무나 당연하게 생각하고 있었다. 누보로망이나 포스트모던만큼은 어린이 문학 속으로 들어올 수 없다고 생각하고 있었다. 그런데 크리스 도네르라는 프랑스 작가는 그런 내 생각을 비웃기라도 하듯, 아주 복잡하고도 동시에 당혹스러우리만큼 간결한 작품을 내놓았다.

그의 작품은 적지 않게 우리나라에 소개되어 있는 편이다.

---

* 크리스 도네르 글, 김종민 그림, 윤정임 옮김, 문학과지성사, 2002.

우리 식으로 말하자면 참교육을 실천하는 시골 교사 이야기라고 할 수 있는 『말의 미소』를 시작으로 『앙리의 문학 수업』에 부분적으로 등장하는, 남아메리카 어느 독재자의 숨겨진 아들과 프랑스 외교관 딸의 사랑을 그린 『내 친구는 국가 기밀』 그리고 빈부의 차이 혹은 입장의 차이를 보여주는 서로 다른 환경의 아이들 이야기인 『너무 친한 사이인데』와 『너무 친한 사이니까』에 이르기까지. 그의 작품에서 내가 매번 감탄했던 것은 깔끔함이었다. 따끔따끔하게 인간(어른들)의 허영과 위선과 부정과 자기 기만을 꼬집는 그의 언어는 정확하면서도 간결하다. 파고 들어가면 복잡한 (어른들의) 드라마가 되고도 남을 이야기를 아이들의 인식 수준에서 마무리하는 솜씨라니! 그의 작품들을 여러 편 읽다 보면 그가 관습과 규범과 질서에 싸인 세상이 답답하다며 몸을 뒤트는 반항아 같다는 생각이 든다. 자신의 삶을 아직 스스로 결정하지 못하는 모든 아이들, 그리고 이미 결정된 삶에 만족하지 않는 어떤 어른들의 마음을 대변해주는 반항아.

『앙리의 문학 수업』이라는 작품은 길지 않다. 그럼에도 불구하고 그것이 무슨 이야기인가를 요약해서 말하려고 하면 당혹스럽다. 복잡한 형식 때문이기도 하고, 그 함축적인 의미 때문이기도 하다. 크리스 도네르는 이 작품을 통해 작가로서 겪었던(겪을 수 있는) 여러 가지 문제들에 대해서 말하고 있다. 실제 이야기를 허구화하는 과정에서 모델이 된 사람들이 말하는 사생활 침해 문제, 그 속에서 벌어지는 진실에 대한 갈등, 그리고 거꾸로 작품 속에 빠져들면서 실제와 허구를 혼동하게 되는 독자, 작품의 의미를 생각지 않고 어린이를 위한다면서 '추잡한' 얘기들을 금기시하는 사람들의 어리석음, 문체에 대한 질문, 일러스트레이션 문제, 작가들이 가져야 하는 겸손한 태도와 독자들이 가져야 하는 문학에 대한 존경심 내지 순수함…… 아직 이 책을 읽지 않은 독자들은 어리둥절할 것이다. 과연 문학의 본질을 건드리는 이런 담론들이 1백여 쪽에 불과한 '어린이' 책 속에 들어갈 수 있다는 것을 이해하기 어려울 것이다. 크리스 도네르는 어떤 식으로도 이런 문제들에 대한 답을 제시하고 있지 않다. 좌절한 어린이 책 작가인 아버지와 10대의 문학 소년 혹은 작가인 아들을 등장시켜 이 모든 문제들에 대해 생각해보게 만들고 있을 뿐이다.

　그러나, 그러나 어린이 책은 무엇보다도 '이야기'이며 이 책에 담겨 있는 가장 감동적인 이야기는 라드마케르 섬의 지진에 대한 이야기이다. 독재자와 술집 가수 사이에서 태어난 숨겨진 아들 에밀리오가 라드마케르 섬의 빈민가에서 겪은 지진과 그 재난이 사람들을 어떻게 만들었는가에 대한, 뉴스에 나오지 않는 이야기들은 앙리의 엄마와 아빠, 앙리의 '약혼녀' 드니즈 그리고 『앙리의 문학 수업』을 읽는 독자들을 완전히 사로잡는다. 번역본 제목은 '앙리의 문학 수업'으로 되어 있지만 사실 진정한 문학 수업을 하는 것은 에밀리오이다. 지진이라는 천재지변과 몰락한 독재자의 숨겨진 아들이라는 정치적, 개인적 극한 상황에 처한 에밀리오는 가슴속에 끓어오르는 뜨거운 열망을 밀어내듯 글을 썼다. 그것은 앙리처럼 문학에 대해서 사유하는 방식이 아니라 에밀리오가 존재하는 방식이다. 그것이 만날 길 없는 연인 아나이스를 향하는 연서(戀書) 형식으로 '씌어졌다'는 것은 글의 효과를 극대화한다. 그렇다, 모든 연서는 저절로 씌어진다. 가슴속에 차오르는 말들이 바깥으로 나오지 않고는 배기지 못하기 때문이다. 한 편의 문학 작품이 태어나는 과정도 이와 마찬가지라고 나는 굳게 믿는다. 무언가와 사랑에 빠진 작가가 자기 안의 뜨거움을 손으로 받아 적고 차가운 두뇌로 끊임없이 퇴고하는 것, 그것이 작가가 작품을 완성하는 방식이라고 나는 생각한다. 앙리와 에밀리오를 집필 중인 어떤 한 작가의 두 개의 분신으로 읽는다면 지나치게 주관적인 해석일까?

사실 크리스 도네르의 작품에는 황당할 만큼 사실임직하지 않은 부분이 많다. 남아메리카의 어느 조그만 나라 독재자인 에밀리오 아버지, 화려함의 극치인 저택에서 사는 프랑스 외교관인 아나이스의 부모, 작가였다가 대통령의 문학 담당 자문이라는 직업을 갖고 있는 앙리의 아버지 얘기는 일종의 과장법이다. 그러나 크리스 도네르는 그 과장법을 통해서 간결하고도 정곡을 찌르는 단 몇 마디 말들로 아이들에게 인간과 사회에 대한 성찰의 기회를 제공한다. 이는 위에서 언급한 모든 작품에서 이 작가가 붙들고 있는 변함없는 화두이다. 아니, 그것은 모든 작가들의 화두이기도 하다. 그것을 이처럼 '가볍게' 건드려서 강한 효과를 내는 것이 그의 특기일 뿐이다. 결국 이 작품은 '문학 수업'일 뿐 아니라 모든 다른 작품과 마찬가지로 '인생 수업'이기도 하다.

요술 손을 가진 아이

『빗살무늬 그릇의 비밀』*

빗살무늬 토기. 많이 들어보던 말이다. 학교 다니던 시절 교과서에서, 박물관 안내 책자나 전시실에 붙어 있는 설명서들에서. 나는 그 그릇이 왜 '빗살무늬 토기'인지는 한 번도 생각해본 일이 없다. 그런데 '토기'는 일본 사람들이 쓰던 말이고 우리말로는 '질그릇'이라고 한단다. 그러고 보니 그렇게 좋은 우리말을 두고 왜 안 썼는지 모르겠다. 뿐만 아니다. '빗살무늬'에 대해서도 학자들 사이에 이견이 있다고 한다. "……무늬를 자세히 보면 사선의 간격이랑 굵기가 일정하지 않지. 그건 선을 하나하나 따로 그었다는 뜻이야. 그래서 어떤 학자들은 신석기 시대 사람들이 냇

---

* 이경순 글, 서시철 그림, 예림당, 2002.

가에서 주로 생활했으니 빗이 아니라 생선뼈 같은 걸로 새겼을 거라고 한단다. 그러니 '어골무늬 질그릇'이라 불러야 한다고 말이야……."

공부란 이런 거다. 이런 식으로 하나의 사물이나 현상의 이면을 끈질기게 들여다보면서 많은 것을 알아내는 것이다. 뉴턴이나 갈릴레이나 에디슨도 이런 과정을 통해서 뭔가를 발명했고, 고고학자들이나 역사학자들도 마찬가지다. 이 사실을 안다면, 공부가 단지 계산 문제나 받아쓰기를 잘하는 것 혹은 역대 왕의 이름을 연대순으로 외우거나 나라 이름과 수도 이름을 짝짓는 것 따위가 아니라 의문을 가져보고 그 해답을 스스로 찾아나가는 것이라는 사실을 알면 아마도 많은 아이들이 공부가 그렇게 재미없는 것만은 아니라는 걸 깨닫게 될 것이다. 사실, 아이들이란 얼마나 많은 '공부'를 해야 하는 존재들인가.

『빗살무늬 그릇의 비밀』은 제대로 공부하는 사람들의 이야기이다. 도공의 운명을 타고난 아이, 현우의 선생님은 '어떤 학자들'과는 생각이 다르다. 동물이나 자연을 신성시 여겼던 신석기 시대 사람들이 "아무 생각 없이 사선을 죽죽 긋지는 않았을 거라"고 생각한다. '빗살무늬 토기'를 '빗살무늬 질그릇'이나 '햇살무늬 질그릇'이라고 불러야 하지 않을까 하는 생각을 하는 것은 그가 역사학자가 아니라 도공이기 때문이다. 작품에 혼을 담아야 한다고 생각하는 예술가이기 때문이다. 증명할 수 없으면 아름다운 오해로 끝날 수 있는 발상이지만 단순히 그릇을 만들어 파는 일만 생각하는 도공들은 절대로 할 수 없는 생각이다.

이 한 편의 작품을 통해서 우리 아이들에게 민족 자긍심을 일깨워주려는 작가의 계몽적인 의도가 거슬리기는커녕 감동스러운 것은 "요술 손을 가진 아이" 현우의 이야기 속에는 한 치의 '가짜'가 없기 때문이다. 작품이 '예술'과 '공부'의 본질에 가 닿아 있기 때문이며 작가의 세계관이 그만큼 또렷하기 때문이다. 역사라는 보고(寶庫) 속을 파고들며 우리 아이들에게 자신이 누구인지 가르쳐주기 위해 『찾아라, 고구려 고분 벽화』『날아라, 나무새』에 이어 『빗살무늬 그릇의 비밀』같이 흥미진진한 얘기들을 한편 한편 만들어내는 이경순이라는 작가를 가진 우리 어린이 책 독자들은 행복하다. 이렇게 단단한 작가들이 하나씩 둘씩 태어나고 있는 대한민국 아동문학에는 희망이 있다.

신데렐라를 꿈꾸는 것은 나쁜가

『반지 엄마』[*]

어린 날 거의 모든 여자들의 마음을 빼앗았던, 그리고 어른이 된 후에도 어떤 여자들의 머리 속을 온통 차지하고 있는 신데렐라가 되고 싶은 꿈은 '정치적으로 올바르지 않'다는 것 때문에 참으로 많이 비판을 받고 있다. 마땅한 일이다. 그런데 그것은 정말 그렇게 나쁠까? 건전하지 못할까? 페미니즘의 시각에서 보면 언제나 그렇다. 백마 탄 기사를 기다리며 수동적인 삶의 자세에서 벗어나지 못하는 여성은 당연히 지탄의 대상이다. 하지만 그런 꿈은 처지에 따라 전혀 비웃음거리가 되지 않을 수도 있다. 비판은커녕 진한 공감의 대상이 될 수도 있다. 7, 80년대에 대학 시절을

---

[*] 백승남 글, 김재홍 그림, 한겨레아이들, 2002.

보낸 이들에게는 운동권 문화가 어떤 식으로든 내면화되어 있다. 나도 예외가 아니다. 청각적 기억력이 유난히 떨어져서 음악을 전혀 모르지만 내 마음을 깊이 울렸던 노래가 몇 있는데 그중 하나가 김민기의 노래굿 『공장의 불빛』에 나왔던 「이 세상 어딘가에 있을까」였다. 시위할 때 부르는 노래들은 대부분 힘차고 선동적인 데에 반해서 이 노래는 여리디여린 여자 아이의 음성이어서 더욱더 듣는 사람의 주의를 끌고 마음속으로 파고든다.

추운 겨울날 계속되는 '철야'에 지친 가난한 여공들이 병든 몸을 타이밍으로 달래며 "시다 신세 면할 날만 기다리"면서 부르는 노래. 그 속의 "분홍빛 고운 꿈"과 "하늘빛 자동차" "화사한 옷" 그리고 "잘생긴 머슴애"의 손짓은 절박하고 안타까울 뿐이다. 백만 달러 수출 목표 달성에 시달리며 '사장님, 사모님…… 코쟁이, 노랑머리'들이 입을 옷을 만드느라 죽어나는 가냘픈 여자 아이들이 꾸는 이런 꿈의 겉모습은 신데렐라의 꿈과 닮았다. 하지만 '정치적인 올바름'이라는 잣대가 거기에 무슨 소용이랴! 꼭 이런 마음이었다, 백승남의 단편 「반지 엄마」를 읽을 때의 기분은. 초라한 가겟방에서 수출용 가발의 비닐을 집게로 잡아뜯는 일을 날마다 학교 숙제보다 먼저 해야 하는 여자 아이가 멀쩡한 친엄마를 '가짜 엄마'로 여기고, 자신을 '뼈대 있는 집안의 외동딸'로 의도적인 착각을 하며 공부하러 가 있는 '미국 엄마'를 날

마다 그리는 것은 또 얼마나 리얼한가. '조영사'의 첫글자 ㅈ·
ㅇ·ㅅ를 자기 이름 '조은수'로 완벽하게 이해(오해)하는 아이,
가발의 비닐을 뜯는 일이나 붕어빵 봉지에 풀칠을 하는 일보다
학교 숙제나 친구들과 공기놀이를 더 먼저 하고 싶은 지극히 당
연한 바람을 가지고 있는 아이의 '반지 엄마' 이야기는 우리 어
린이 문학에 던져진 신선한 충격이다

　　그것은 이 작품이 흔한 소재를 전혀 새로운 방식으로 소화
하고 있기 때문이다. 가난에 지쳐 늘 돈 생각만 하는 우울한 얼굴
의 엄마, 그 엄마의 가게에 드나드는 가발 공장에 다니는 언니들
의 스산한 삶의 이야기들, 수출에 의존해서 사는 우리 중소기업
의 현실 등의 무거운 이야기들을 ㅈ·ㅇ·ㅅ의 내면 깊은 곳을
들여다보며 깜찍한 단편으로 풀어낸 백승남은 아이들을 무조건
보듬어 안으려는 작가들과는 다르다. 그녀의 그러한 노력은 이
작품집에 실린, 성격이 아주 다른 몇 개의 단편들에서도 여실히
드러난다. 두 아이의 시점을 교차시켜가면서 하나의 이야기를 훌
륭하게 완성한 「우리 반 진우」나, 연작 형식의 「상할머니 이야
기」, 다정한 입말체의 과거 이야기로 결식 아동에게 위로를 전하
는 「사진 속의 아이야」, 제3자인 어린아이의 눈으로 본 결손 가
정의 아이 이야기인 「희수형」, 이산가족의 아픔을 이야기하는

「푸름이가 사는 집」, 동물의 입장에서 인간의 이기심을 그린 애완 동물 이야기 「토햄쥐」 등 이 작품집 속의 이야기들은 한결같이 웅변적이다. 그 작품들은 하나의 책 속에서 서로 부딪치기도 하고 더러 단편으로 잘 소화되지 못하고 있기도 하다. 그렇기는 하지만 백승남의 이 작품집에서는 결코 만만치 않은, '신인'이 갖추어야 하는 패기가 보인다. 꼭 필요하지만 참 드문 신인들의 패기는 무엇보다도 앞서가는 이들의 '본'을 그대로 따르지 않겠다는 용기에서 나온다. 일반 문학과는 달리 이상하게도, 작가의 탄생조차 집단을 배경으로 하는 우리 어린이 문학계에서 이것은 결코 쉽지 않은 일이다. 그런 의미에서 백승남의 『반지 엄마』, 그 이후가 주목된다.

누나가 왜 이렇게 뚱뚱해?

『우리누나』*

오카 슈조의 단편집 『우리누나』의 표지를 처음 본 4학년짜리 우리 아들의 첫마디였다. 빠르게 뒷표지의 글을 읽어본 아이의 그다음 질문은 "다운 증후군이 뭐야?"였다. 아이의 물음에 나는 '그렇구나!' 하는 심정이었다. 장애인에 대한 이야기라는 것을 알고 이 작품을 읽은 나는 첫째, 단편집이라는 점에서 좀 서운했고 둘째, 고도의 감정 절제를 통해 아주 깔끔한 수채화를 보는 것 같은 느낌에도 가볍게 실망했기 때문이다. 장애인 얘기라면 으레 생의 질곡을 보여주는 휴먼 드라마일 것이라고 기대했던 까닭이며 비극이라는 용어에 걸맞을 만한 감정의 파도가 몰아칠 것이라

---

* 오카 슈조 글, 카미야 신 그림, 김난주 옮김, 웅진닷컴, 2002.

예상했던 까닭이다. 그러나 사실, 나의 이런 사적인 감상은 이 작품의 완성도와는 전혀 관계가 없다. 생의 단면을 통해 문제의 본질을 건드려야 하는 단편의 특성에 꼭 들어맞는 오카 슈조의 빼어난 단편들은 요즘 우리 아동문학에서 양산되고 있는 장편을 줄여놓은 것 같은, 그저 짧은 이야기일 뿐인 단편들 혹은 단편을 늘여놓은 것 같은 장편들과는 근본적으로 다르기 때문이다. 특수학교의 교사로 살아온 작가답게 오카 슈조의 장애아들 이야기는 진실하다. 장애아들의 일상을 담담하게 보여주는 그의 작품에는 잘 계산된 미학적 감동이 있다.

언젠가 우리 동네 지하철역에서 장애인을 위한 사회적 관심을 호소하는 벽보를 본 적이 있다. 아마도 장애인들이 손수 썼을 거친 글씨로 된 벽보였는데, '정상인'이라는 낱말 자체가 장애인을 소외시키므로 이제부터 '정상인' 대신 '비장애인'이라는 낱말을 사용하자는 내용이었다. 상당한 시간이 흐른 지금, 그들의 그런 주장이 얼마나 일반적이 되었는지 나는 알지 못한다. 다만, 장애가 주(主)가 되고 정상이 부(附)가 되게 만드는 그 낯선 '비장애인'이란 용어에서 내가 읽은 것은 장애인들의 가슴에 서린 한이었다. 장애인과 정상인을 도저히 같은 '사람'으로 분류하지 않는 이 사회에 대한 미움, 나 같은 '비장애인'은 감히 가늠할 길 없는, 폭발을 기다리며 꿈틀대는 분노였다.

우리가 장애인을 가장 많이 보는 것은 아마도 지하철에서일 것이다. 그것도 반드시 걸인의 모습으로. 얼마 전 지하철에서 있었던 일이다. 앞을 보지 못하는 걸인이 손에 바구니를 들고 전동차 안을 지나고 있었다. 늘 보는 풍경에 승객들 아무도 꼼짝하지 않았다. 그런데 현장 학습이라도 다녀오는 듯한 한 무리의 아이들이 놀란 눈으로 그 걸인을 쳐다보는가 싶더니 하나씩 둘씩 마침내는 우르르 그에게 다가가고 연이어 딸랑거리는 동전 소리가 들려왔다. 그 아이들을 바라보는 나는 마음이 복잡하면서도 미안했는데 그래도 많은 어른들의 얼굴에 따뜻한 미소가 번져나가는 것이 눈에 보였다. 그래, 그게 아이들이다.

우리 사회에는 자기 아이를 장애아와 같은 반에 둘 수 없다며 교사에게 항의하는 학부모들이 태반이다. 그렇기 때문에 장애아들은 격리될 수밖에 없고 신체적으로나, 심리적으로나 장애는 점점 더 커질 수밖에 없다. 장애아인 딸 히사에의 몸에 늘어나는 멍을 보면서도 그 멍을 만든 기미코가 다른 아이들의 폭력에 시달리고 있다는 것을 알고는 "히사에의 몸에 멍이 하나 생기는 날, 기미코의 몸에도 멍이 하나 생겼겠지. 기미코의 몸에서 멍이 사라지는 날, 히사에의 몸에서도 멍이 사라질 거야"라고 뇌까리는 히사에 엄마의 정신적 성숙은 결코 아무나 흉내낼 수 있는 것이 아니다. 하지만 장애, 정상 가리지 않고 아이들을 섞어놓는다

면 장애인이든 '비장애인'이든 서로에 대한 이해가 깊어질 것은
분명하다. 조금씩 '어른'이 되어가고 세상을 살아나가는 데 있어
서 타인을 이해해 나가는 것보다 더 중요한 일이 또 있겠는가. 때
로는 한 권의 동화가 그 화두가 되어줄 수 있다.

엄마가 파업을 한다고?

『엄마는 파업중』*

문학에서 페미니즘을 말하기 시작한 것은 그리 오래된 일이 아니다. 이 점에서도 어린이 문학은 또 일반 문학보다 훨씬 늦다. 그래도 서구의 작품들을 보면 페미니즘을 소재로 다루는 작품이 꾸준히 나오고 있다. 재미있는 것은, 독일이나 네덜란드, 스웨덴처럼 앞선 나라들일수록 작품 속에 등장하는 아빠들이 우리가 알고 있는 전업 주부의 역할을 자연스럽게 하고 있다는 점이다. 그러니까 '남자도 가사 노동을 분담해야 한다'는 수준이 아니라 앞치마를 두르고 설거지, 청소를 하거나 아기 우유를 먹이고 뜨개질하는 아빠들의 모습이 그림책의 그림 속에, 동화책의 삽화나 이

----

* 김희숙 글, 김상섭 그림, 푸른책들, 2001.

야기 속에 자연스럽게 등장한다는 점이다. 독일이 프랑스보다 그리고 프랑스가 우리보다 상대적으로 남녀 평등한 나라임에는 틀림없지만 여전히 사회적 약자인 여성들을 유럽 작가들은 때때로 능청스럽게 남자들의 강한 모습과 뒤바꿔놓는다. 그런 작품들을 보면 한편으론 웃음이 나고 한편으로는 그렇게 여유 있게 풍자할 수 있을 만큼 그들의 상황은 진보적이라는 생각도 든다.

　　우리의 상황은 전혀 그렇지가 못하다. '신데렐라 콤플렉스' '슈퍼 우먼 콤플렉스' '착한 여자 콤플렉스' '맏딸 콤플렉스'…… 등등 모든 형태의 '여성' 뒤에 붙는 '콤플렉스'라는 용어가 우리 사회의 수준을 보여준다. '신데렐라 콤플렉스'가 여성들을 수동적으로 만드는 주범이라면 나머지 콤플렉스들은 모두 여성들에게 너무 많은 것을 요구한다. 전업 주부들은 물론이거니와 일하는 여성들까지도 가사 노동을 온전히 혼자서 떠맡는 것을 온 식구가 당연시하는 것이 아직 우리 사회의 일반적인 인식이다. 이런 풍토에서라면 페미니즘을 말하는 동화가 나왔다는 것 자체를 긍정적으로 받아들여야 할까? 우리 문단에서는 드문 소재를 다룬 까닭에 주목을 받은 김희숙의 『엄마는 파업중』을 읽는 대한민국 여성인 나는 착잡한 심정을 떨치기 어렵다. 아이들의 아지트인 버즘나무 위 널빤지 위에 올라가 엎드린 채 "엄마 파업중. 청소, 요리, 빨래 등 집안일은 모두 안 함"이라는 푯말을 써놓고 휴가를 즐기는 엄마. 어른이 이렇게 장난처럼 파업을 시작했는데도 엄마가 그럴 만한 이유는 충분하다고 이해하는 큰딸, '엄마에게 휴가를 드리자'는 언니를 도와 집안일을 함께하는 작은딸들, 아내 대신 된장국을 끓이고 아이들과 함께 집안일에 대해 의논하면서 "사랑하는 여보…… 협상안도 가져왔는데"라며 대화를 시도하는 남편. 결국 온 가족의 가사 노동 분담으로 협상이 이루어지고, 아이들의 아지트에서 한나절을 지낸 후 '어린애가 된 기분'으로 일상으로 복귀하는 엄마. 작가는 무슨 말을 하려는 것일까?

이 작품은 초등학교 5학년 2학기 읽기 책에도 실려 있다. 7차 교육 과정에 따르는 교과서에는 문학사 속으로 들어간 옛날(?) 작품들뿐만 아니라 요즘 출판되는 작품들도 심심찮게 실려있다. 이에 대해서는 따져보아야 할 여러 가지 문제가 있지만 우선 이 글에서는 『엄마는 파업중』이라는 작품 내용에만 집중하기로 한다. 단편인 이 작품을 실은 교과서에는 다음과 같은 연습 문제가 있다. 1) 어머니께서 파업을 하신 까닭은 무엇입니까? 2) 신지네 가족이 어머니를 잘 도와드리지 못한 까닭은 무엇입니까? 3) 어머니께서 협상안을 받아들인 까닭은 무엇이겠습니까? 4) 우리 가족을 위하여 어머니께서 하시는 일에는 어떤 것들이 있는지 말해봅시다. 그리고 어머니를 도와드리기 위하여 우리가 할 수 있는 일에는 어떤 것들이 있는지도 알아봅시다.

교과서 속의 이 작품은 원작과는 다소 다르다. 작가의 이름도 나와 있지 않을뿐더러 군데군데 낱말이 바뀌고 몇몇 문장들이 빠져서 전체적으로 길이도 줄어들었다. 대개 이런 일은 문학적 훼손을 일으킨다. 그런데 이 작품의 경우는 별로 그렇지 않은 것 같다. 작가가 작품을 통해서 하려는 말이 너무 단순하고 분명해서 오히려 위의 질문들에 대한 해답이 들어 있는 교과서 지문으로 적당해 보인다. 아이러니다. 프랑스 동화 작가인 다니엘 페나크 식으로 말하자면, 작가가 작품을 통해서 하려는 말이 한두 가지 문제의 해답이 될 수 있다면 그것은 분명 좋은 작품이 아니기 때문이다. 그런데 요즘 출판되는 우리 동화에는 이런 식으로 문제를 제기하고 그 문제에 대해 해설하거나 해답을 제시하는 작품들이 너무 많다!

돈은 가장 나쁜 주인

『용돈 좀 올려주세요』*
『피노키오의 몸값은 얼마일까요?』**

경제 교육이 유행이다. 어린이를 대상으로 하는 각종 경제 캠프
가 생겨나고 있고 경제 관련 어린이 책이 쏟아져 나오는가 하면
그중 몇몇은 베스트셀러가 되기도 했다. 언제부터인가 주요 일간
지에 머니money 섹션이 따로 생기고 '돈' 혹은 '부자'라는 낱말
은 우리 일상 언어 속에 허물없이 들어와 아예 자리를 잡아버렸
다. '부자 되세요!'가 덕담이 되고 '부자 아빠'가 아무렇지도 않
은 자랑거리가 되어버렸다. 얼마 전까지만 해도 우리들에게 익숙
했던, 물질에 대한 모종의 경멸이 담긴 '천민자본주의' '졸부' 같
은 용어들은 이제 듣기 어렵게 되었다. 바야흐로 21세기에 들어

----

* 석혜원 글, 김진태 그림, 다섯수레, 1997.
** 장수하늘소 글, 김혜숙 그림, 아이세움, 2001.

선 오늘, 고루한 유교적 사고방식을 고집할 생각은 조금도 없다. 하지만 이미 10대 및 20대 신용 불량자 수가 수십만 명에 이르고 카드 빚 때문에 자살하는 사람이 속출하는 우리 사회는 아무리 생각해도 정상이 아니다. 어른도 아이도 끊임없이 돈을 말하고, 심지어 돈만 생각하는 것 같아 보이는 우리 사회 분위기는 분명히 위험하다.

요즘 아이들은 돈 욕심이 많다. 장래 희망도 자신이 무슨 일을 하고 싶은지보다도 그 일을 하면 돈을 많이 벌 수 있는지를 더 생각한다. 갖고 싶은 물건도 너무 많고 돈을 쓸 데도 너무 많다. 초등학교 교실에는 아이들이 잃어버리고 찾아가지 않는 물건들이 넘쳐난다. 절약과 검소가 미덕인 시대는 아주 지나가버린 걸까? 아이들만 탓할 수 없다. 상업 지역과 주거 지역이 거의 구분되지 않는 우리의 건축 환경에서 초등학교 앞은 조잡한 수준의 유흥가를 방불케 한다. 각종 군것질거리를 파는 노점상부터 분식집, 팬시점, 문방구는 물론이고 노래방이나 오락실도 즐비하다. 학교를 오가며 매일매일 그 풍경을 보는 아이들이 끊임없이 돈을 필요로 하는 것은 지극히 정상이다.

이런 아이들에게 경제 교육을 하는 것은 물론 중요한 일로 보인다. 그런데 경제 관련 어린이 책들을 보면 한결같이 경제에 대한 지식들을 늘어놓고 있다. 중고등학교 사회 시간에나 배우는 경제 지식들이 말랑말랑한 문체와 아기자기한 일러스트레이션을 곁들여서 쉽게 설명되어 있다. 재화와 용역, 한계 효용, 기회 비용, 가격 변동, 주식과 채권, 수요 공급의 원리, 부가 가치, 환율…… 이런 '개념'들을 아는 것이 정말 우리 아이들에게 중요할까? 부모들은 어려서 경제 교육을 해야 자기 아이가 부자가 될 수 있다고 생각하면서, 나아가 자기 아이를 미래의 CEO로 키우려는 꿈을 가지고 아이들에게 경제 교육을 시킨다고 한다. 그러다 보니 경제 교육의 내용은 '어떻게 해야 부자가 되는가'에 초점이 맞춰져 있다. 돈 버는 기술은 돈을 벌기 시작하는 단계에서 배워도 되는 거 아닐까? 기업의 이익을 최대화하기 위한 고민은 CEO가 된 다음에 하는 게 맞지 않을까?

돈을 버는 방법보다 돈이 우리 삶에서 갖는 의미, 노동의 소중함, 나눔의 실천 등을 가르치는 일이 먼저다. 돈에 대한 건강한 생각을 가지고 있어야 아이들은 이다음에 자라서 대기업의 간부가 되든, 동네 문방구 주인이 되든, 동사무소 말단 직원이 되든 돈에 종속되지 않을 수 있고 서로의 차이를 인정하면서 자기 나름의 삶을 가꾸어나갈 수 있을 것이다. 그리고 각 개인이 이렇게 살 수 있는 사회야말로 돈 때문에 각종 비리가 판을 치고 나라가 흔들리는 일이 없는 사회, 부패가 적은 사회가 될 것이다. 지금 우리는 그 어느 때보다도 "돈은 가장 좋은 하인이며, 가장 나쁜 주인이다"라는 프란시스 베이컨의 말을 되새겨보아야 할 때이다. 몇 권의 어린이 경제서를 검토한 후, 위의 책 두 권을 고른 이유는 이 책들은 비교적 경제의 원리라든가 돈을 버는 방법 같은 실용적인 측면에만 몰두하지 않고 윤리적인 태도에 대해서도 말하고 있기 때문에 어린 독자들로 하여금 돈에 대하여 비교적 다양한 생각들을 하게 만들기 때문이다.

독자의 열정

『늑대의 눈』*

나는 다니엘 페나크가 너무 좋다. 이렇게 쓰고 나니까 속이 후련
하다. 그것을 구구절절 설명하는 일이 어쩐지 구차해 보인다. 무
언가를 좋아한다는 건 사람을 살맛 나게 만든다. 그의 작품은 나
로 하여금 아동문학에 열을 올리게 만든다. 다니엘 페나크는 정
말 대단한 사람이다. 내가 이렇게 말하는 것은 그가 현대의 고전
이라고 평가받는 작품들을 써냈기 때문만은 아니다. 다니엘 페나
크는 세계적인 작가, 엄청난 독서가일 뿐만 아니라 프랑스의 어
느 평범한 중학교 교사이기도 하다. 그에게는 '교사'도 '작가'와
마찬가지로 '직업'이 아니라 '삶의 한 방식'이다.

----

* 다니엘 페나크 글, 자크 페랑데즈 그림, 최윤정 옮김, 문학과지성사, 2001.

프랑스의 어느 잡지사와의 인터뷰에서 그는 이런 말을 한 적이 있다. 어느 누구도 소홀히하지 않고 또 반대로 어느 누구에게도 지나친 관심을 보이지 않으면서 학급이라는 개인들의 집합체에서 역동성을 만들어내는 것이 교사가 해야 하는 '정신적인 체조'라고. 누구도 교사들에게 이런 걸 가르쳐준 적이 없지만 이것이야말로 교사들이 직업상 날마다 마주하는 현실이라고. 그리고 이런 건 교수법보다는 처신의 문제이며 애정의 문제라고. 그런 생각을 가진 그의 수업 역시 남달라 보인다. 입시를 2, 3년 앞둔 아이들을 데리고 '진정한 독자' 만들어내기 작업을 하고 있다고 한다. 일주일에 여섯 시간짜리 국어 시간에 규칙적으로 두 시간씩을 빼내어 문학 작품을 읽게 한단다. 물론 교과 과정과는 상관이 없고 숙제 같은 것도 없단다. 아이들에게 문학에 대해서 이야기해주고, 소설책을 권해주기도 하고, 반 아이들이 책을 돌려가며 읽는 분위기를 조성하면 어느덧 아이들은 '독자의 열정'을 알게 된다고 한다. 그래서 학년말이 되면 35명의 아이들 모두가 적어도 한 권의 소설 혹은 한 사람의 작가를 만나게 되고 그 작가의 다른 소설, 그 작가와 비슷한 부류의 다른 작가…… 식으로 찾게 된다고 한다. 그렇게 해서 입시 준비뿐만 아니라 긴 안목으로 '독자'들을 만들어내고 나아가, 가까이하고 싶고 그럴 만한 가치가 있는 남자와 여자들을 만들어내는 것이 그가 교사로서 가지는 목표라고 한다.

　나는 교사로서의 그의 이런 태도들이 그가 훌륭한 작가인 것과 관계가 있다고 생각한다. 그의 작품들과 그에 관한 자료들을 조금씩조금씩 읽어나가면서 나는 맨 처음 그를 만났을 때를 기억한다. 아직 프랑스 아동문학을 잘 모르던 그 시절, 내가 읽었던 수많은 작품들은 나를 지치고도 남게 하였다. 프랑스에도 우리나라처럼 있어도 그만 없어도 그만인 책들이 책방에 널려 있었던 것이다. 그 무렵 발견한 작품이 『늑대의 눈』이었다. 『늑대의 눈』은 프랑스 어린이 문학에서 고전의 자리를 굳히고 있는 작품이다. 이미 열 개가 넘는 나라의 말로 번역되어 세계 여러 나라의 어린이들에게 읽히고 있으며 캐나다에서는 만화 영화로도 만들어진 적이 있다. 이제 그 작품을 우리나라 독자들에게 읽힐 수 있게 되어 나는 무척 기쁘다. 아니, 좀더 정확히 말하자면 단원과 단원 사이, 뿐만 아니라 문장과 문장 사이 그리고 낱말과 낱말 사이까지도 한 치의 흐트러짐이 없는 긴장으로 가득한 페나크의 작품을 우리말로 사랑할 수 있게 되어서, 그리고 그 기쁨을 독자들과 나눌 수 있게 되어서 즐겁다. 이렇게 쓰고 나니까…… 이미 교정지를 다 넘기고 난 지금 또다시 덜컥 겁이 난다. 그의 그 완벽한 언어들을 과연 내가 얼마나 우리말로 살려냈을까…… 그럼에도 불구하고 나는 대부분의 외국 문학 작품을 우리말로 사랑할 수 있다고 믿는다. 그것은 번역의 매력이고 끊임없이 말을 만지 작거리는 번역가의 행복이기도 하다.

　　끝으로 '옮긴이의 말'에서 이 작품이 무엇을 말하는 내용인 가 알기를 원했을 독자에게 페나크의 목소리를 빌려서 대답하고 싶다. "만약 어떤 소설을 그 소설이 태어나게 만든 관념으로 요 약해서 말할 수 있다면 그 작품은 소설로서는 실패입니다."

문학 혹은 언어의 마술

『까모는 어떻게 영어를 잘하게 되었나』*

"꿈꾸고 있는 사람은 깨우는 법이 아니야. 그러다 미치는 수가 있으니까!" 이 책에 나오는 아이들 중에 "존재하지 않는 사람을 사랑하"는 유일한 인물인 '나'에게 까모가 던지는 말이다. 문학을 경험한다는 것이 어떤 것인지 설명해야 한다면 사랑에 빠지는 일에 비유할 수밖에 없을 것이다. 그렇게 말과의 사랑에 빠지면 어떤 문장들은 상상할 수 없는 힘으로 우리의 영혼을 사로잡는다. 『까모는 어떻게 영어를 잘하게 되었나?』에는 그런 문장들이 수두룩하다. 아니, 『폭풍의 언덕』에는. 아니, 좀더 정확히, "우리가 상상할 수 있는 최고로 멋진 편지지들"이 다 모여 있으며 재

------

* 다니엘 페나크 글, 장 필립 샤보 그림, 조현실 옮김, 문학과지성사, 2000.

떨이에 수북한 담배꽁초와 아무렇게나 쌓여 있는 커피잔들과 "이 세상의 가장 아름다운 소설들이 다 모여" 있는 '바벨 에이전시'에서 "너무 여러 나라 말을 하"는 까모의 엄마가 기발하고도 멋진 방식으로 행하는 독서 교육과 영어 교육을 둘러싼 이 이야기 속에는.

언뜻언뜻 영화 혹은 만화를 보는 듯한 착각이 들게 편집된, 재치 있는 삽화가 빼곡하게 들어찬 1백 페이지가 채 안 되는 이 작품의 줄거리는 무척이나 복잡하다. 흥미진진하게 펼쳐지는 사건들 때문인데, "그 사건들을 여기서 귀띔해줄 순 없"다는 역자의 생각에 나도 동의한다. 대신 그녀의 충고를 전한다. "마지막 장을 넘기는 순간 다니엘 페나크의 기발한 상상력에 감탄하기를 원한다면, 절대로 책을 거꾸로 읽어선 안 된다!" 하지만 책에 관해 최대한의 자유를 허락하고 기존의 억압에 저항하는 이 작가는 책이란 거꾸로 읽어도 좋을 뿐 아니라 중간중간 빼먹고 읽어도 좋다고 쓴 적이 있다. 그럼에도 불구하고, 과감한 생략으로 사태의 본질에 직접 가 닿게 만들면서도 예측 불가능한 세 겹, 네 겹의 이야기 속에서 톡톡 튀는 농담을 하고 있는 그의 글은 전혀 그런 방식으로 읽고 싶지 않다.

'바벨 에이전시'는 아이들로 하여금 외국 문학 작품 속의 인물과 외국어로 사랑에 빠지게 만드는 일을 하는 곳이다. 까모뿐만 아니라 이 책에 나오는 많은 아이들이 이탈리아 남작과 혹은 스웨덴이나 러시아의 귀족과 사랑에 빠진다. 그래서 "입을 다물고 있을 때까지도…… 말할 게 많은" 상태가 된 아이들이 저도 모르게 외국어에 능통하게 된다는, 완전히 비현실적인 이 이야기를 읽고 까모처럼 '영어를 잘하게 되'는 비법을 알 수 있는 확률은 전혀 없다. 대신, 문학을 혹은 언어의 마술을 경험할 수는 있다. 선물처럼.

제목 유감

『나와 조금 다를 뿐이야』*

요즈음 우리나라 어린이 문학 작품의 제목들은 이상하게도 설명적이다. 책을 골라주는 어른들이 표지만 보고도 무슨 내용인지 알 수 있어야 한다는, 지나치게 친절한 의도 때문일까? 그렇게 해서 잃는 것이 있어 보인다. 설명식 제목은, 제목과 내용의 관계에서 기대되는 시적인 입체성을 포기하는 것처럼 보인다.

　'정서 장애라는 마음의 병을 앓고 있는 친구와 사랑을 나누는 두 아이의 이야기'라는 부제와 '나와 조금 다를 뿐이야'라는 제목에서, 장애아를 감싸야 한다는 흔한 모럴이 읽히는 것도 그 때문이다. 그런데 몇 페이지만 읽어나가면 독자는 그런 편견을

---

* 이금이 글, 원유미 그림, 푸른책들, 2000.

까맣게 잊고 작품 속에 빠져들게 된다.

제목과 달리, 작품 속에는 '정서 장애'라는 용어가 한 번도 등장하지 않는다. 영무가 이름 붙인 '맘대로 병'이 나올 뿐이다. 한 학년에 한 반뿐인 은천초등학교에 다니는 단조로운 영무의 삶이 드라마틱해지는 것은 동갑내기 고종 사촌인 수아가 전학 오면서부터이다. 선생님이 데리고 들어설 때부터 '우와! 예쁘다'라는 탄식이 터져나오도록 눈부시고 깜찍한 수아가 바로 '맘대로 병'의 주인공이다.

수아를 고단하고 지난했던 가족사의 희생물로 받아들이며 불쌍해하거나 귀찮아하거나 부끄럽게 여기는 것은 매양 어른들이다. 아이들에게 수아는 뭐든지 '맘대로' 해서 사람을 웃기는 아이이며, 도대체 야단도 안 맞는 얄밉기도 한 아이이다. 언제 무슨 일을 저지를지 모르는 골칫덩어리 수아를 '잘 돌보아주어야 한다'는 임무를 떠맡고서 정작 복잡해진 것은 영무의 인생이다. 수아 때문에 밤낮 야단을 맞던 영무는 어른들처럼 수아를 동정하기는커녕 골탕 먹이기도 하고 이용하기도 한다.

이 작품이 상큼하게 다가오는 것은 마지막에 선생님이 얘기하듯 아이들은 '다 조금씩 다르다'는 별로 새로울 것도 없는 깨달음 때문이 아니다. 그보다는 오히려, 수아가 영무의 삶 속으로 성큼 들어왔던 시간들, 그 시간들이 영무의 삶에 빛과 그림자를 만들어내는 과정이 독자들의 눈에 또렷하게 들어오기 때문이다. 그래서 이 작품은 수아의 이야기일 뿐만 아니라 영무의 이야기, 혹은 모든 아이들의 이야기이기도 하다. 감상으로 축축 처지지 않는 것은 아이의 눈이 생생하게 살아 있는 서술 덕분이다.

도식적인 제목에도 불구하고 아이든 어른이든 이 작품을 재미있게 읽을 수 있는 것도 역시 그 때문일 것이다.

요리사가 되고 싶은 남자 아이

『꿈을 찾아 한 걸음씩』

이미애의 『꿈을 찾아 한 걸음씩』을 읽었다. 읽으면서 내내, 그리고 읽고 나서도 한참 동안 다른 일을 못 하고 내 머리 속의 생각들을 이리저리 들추고 있는 중이다. 무언가를 좋아하게 되면 우선 말이 많아진다. 좋아하는 대상이 사람이든 사물이든, 그것에 대해서 그리고 그것과 자신의 관계에 대해서 자꾸 말하고 싶어진다. 얼마 전부터 내게 '그 대상'은 어린이 책이 되었다. 좀더 정확히 그 속에서 만나는 아이들, 그 밖에서 살고 있는 아이들 그리고 또 나 자신, 더러는 나 자신의 유년이라고 말해야 할 것 같다. 나는 우리 아이들의 꿈이 무엇일까 생각하고 있을 뿐만 아니라 어

----

* 이미애 글, 백명식 그림, 문학사상사, 2000.

린 시절 나의 꿈은 무엇이었던가를 생각하고 있다.

손두본 때문이다, 이 모든 생각들은. 두본이는 꿈이 요리사라는 것만 빼면 그다지 특별한 데가 없는 초등학교 6학년짜리 남자 아이다. 그런 두본이가 부모와 갈등하게 되는 것은 요리 때문이다. 두본이는 앞치마를 두르면 가슴이 두근거린다. 아는 것도 많다. 당근은 흙 묻은 게 싱싱하고, 시금치는 뿌리가 붉은 게 단맛이 나며 달걀은 차가운 상태로 조리하면 모양이 나쁘다는 것까지. 그뿐만이 아니다. 친구들과 떡볶이를 먹으러 가도, "……이 집 떡볶이는 매끈거린다. 끓이기 전에 물로 잘 씻어서 그런가? 아니면 물엿?"이라고 말해 '이상한 녀석' 소리를 듣기 일쑤다. 특이한 이름 때문에 아이들이 손두부라고 놀리는 것도 싫어하기는커녕 "담백하면서도 깊은 맛이 있"던 외할머니의 백 점짜리 손두부를 떠올리고 통신 아이디를 'sondubu'로 쓸 정도다. 두본이의 손은 언젠가 요리사였던 것처럼 "뭔가를 기억하고 있는 듯"하다. 그러니까 두본이가 요리사를 꿈꾸는 것은 지극히 자연스럽고도 정상적인 일이다.

그러나 또한 두본이의 엄마가 "무조건 싫기 때문"에 아들이 부엌에 얼씬거리는 걸 못 참는 것도 이유가 있다. 남동생 때문이다. 이발도 면도도 안 하고 헐렁한 바지만 꿰차고 아무 일도 안 하고 집에만 박혀 있는 동생. 호텔 주방에서 일하던 요리사였던 동생이다. 요리와 인생을 혼동할 정도로 요리의 세계에 빠졌던 덕분에 약혼녀를 잃고, 혀의 감각까지 잃어 폐인이 되다시피 한 동생. 두본이 엄마는 영어 선생님이지만 그런 동생을 곁에 두고 보면서 아들이 요리사가 되는 것을 받아들일 만큼 열려 있지는 않다.

두본이는 아이답게 두본이 엄마는 어른답게 서로를 이해하지 못한다. 그들 사이에 문제의 외삼촌이 있다. 실패와 좌절의 충격에서 헤어나지 못하고 있는 그는 크고작은 목표들을 향해 부지런히 달려가고 있는 여느 어른들과는 다르다. "찌그러진 종이 접시 같은 얼굴로 컵라면을 후룩거리며 끼니를 때우는 외삼촌"의 전국요리경연대회 최우수상 수상 경력을 알아낸 두본이는 외삼촌에게 왜 요리사가 되지 못했느냐고 마구 몰아붙인다. 그 충격으로 그는 '조리기능장'이라는, 접었던 꿈을 기억해낸다.

더 이상 외삼촌과 두본이는 어른과 아이로 만나지 않는다. 두 사람은 같은 길을 가는 동지 사이가 된다. 그들이 여행을 떠난다. 잃어버린 맛을 찾아서, 꿈을 찾아서. 그리고 '해에게서 소년에게'를 만나고, 전래 민요 '떡타령'을 만나고 외할머니의 각시원추리를 만난다. 집으로 돌아온 외삼촌은 두본이에게 엄마 놀래 요리 학원에 다닐 수 있는 '꿈의 수강증'을 끊어주고, 코주부 조리과장 아저씨와 함께 일하는 호텔 주방에 드나들게 해주는가 하

면 결식 아동들을 위한 '밥상머리 봉사단'에 도우미로 따라가게
해준다. 요리 문화 속에서 외삼촌을 재발견한 두본이는 '전통 요
리'에 꿈을 걸고 엄마의 반대에 정면으로 맞서는가 하면, 의사도
포기한 외삼촌의 마비된 미각을 '채소 할머니 비법'으로 되찾는
일에 성공한다…… 그런 과정을 다 지켜본 엄마는 아들에게 아
주 멋진 생일 선물을 한다. 생일상을 직접 차리라며 부엌을 통째
로 내주기로 한 것이다. 이보다 완벽한 화해, 혹은 이해가 있을
까. "언젠가 한식 조리기능장이 되어 우리 음식을 세계인의 밥상
에 올려놓을" 손두본의 첫 작품이 될 생일상을 차리기 위해 "꿈
의 요리 재료들이 가득 쌓여 있을" 시장으로 향하는 엄마와 두본
이의 나란한 발걸음은 진정한 교육의 시작이다. 생각의 변화, 행
동의 변화, 문학의 승리.

　　그러나 현실로 돌아오면, 우리의 교육은 얼마나 부당한가.
학교에서도 가정에서도 어른들은 아이들로 하여금 자신이 무엇
을 원하는지, 어떻게 살고 싶은지 스스로에게 물어보도록 가르치
지 않는다. 다행히, 문학이 있다. 당연한 것처럼 보이는 사람들의
생각에 의문을 던져보는 것, 관습에 저항해보는 것. 그것은 문학
의 존재 이유에 속한다. 교육은 정해진 프로그램을 따라갈 수밖
에 없을지 모르지만 인간은 예정된 계획에 따라 성장하지 않는
다. 아이들에게 자란다는 것은 산다는 것과 동의어이다. 그리고

산다는 것은 어쩌면 대동소이하다고 말할 수도 있는, 생을 이루
는 다양한 요소들을 스스로 체험함으로써 자기만의 것, 유일한
것으로 만드는 일이다.『꿈을 찾아 한 걸음씩』은 그 일을 완벽하
게 해냈다.

세상을 받아들이면서

『할머니』*

『할머니』는 교통사고로 부모를 한꺼번에 잃은 다섯 살짜리 소년 칼레가 할머니와 함께 살게 되는 이야기이다. 할머니와 칼레가 서로를 이해해가면서 깊어지고, 세상을 받아들이면서 살아나갈 힘을 기르는 이야기이다.

　얼마 안 되는 연금으로 빠듯하게 사는 할머니, 목소리가 크고, 농담과 욕을 잘하는 할머니, 절대로 누구한테도 지는 적이 없는 할머니, 혼자 말하는 습관이 있는 할머니, 바로 어제 일은 기억도 못 하면서 몇십 년 전의 일은 얘기를 하고 또 하는 할머니…… 이런 할머니와 "오늘 일어난 일, 친구와 약속한 일, 그리

---

* 페터 헤르틀링 글, 페터 크노르 그림, 박양규 옮김, 비룡소, 1999.

고 어떤 것을 경험했거나 계획을 세우거나 하는 등의 일만이 중
요"한 아이, 칼레. 공통분모가 거의 없는 그들이 함께 살아가는
일은 쉽지 않다.

　노력하는 것은 역시 할머니 쪽. 할머니는 칼레를 데리고 시
청에 찾아가 고아 연금을 빨리 내놓으라고 으름장을 놓는가 하
면, 담임 선생님께 거짓말을 하면서까지 칼레의 잘못을 덮어주고
아는 게 하나도 없다고 싫어하면서도 축구를 하겠다는 손자를 전
폭적으로 지지해준다. 그러면서 칼레 없는 삶을 생각할 수 없게
된다. 동시에 칼레를 다 키우지 못하고 죽어야 한다는 생각에 시
달린다. 칼레는 너무 어려 언젠가는 할머니가 없어진다는 생각을
하지 못한다…….

　뭉뚱그려 말하면 이 이야기는, 가난하고 소외받는 이웃과
그들을 둘러싸고 있는 불합리한 사회 현실을 담은 작품이다. 결
코 간단하지 않은 이런 이야기가 오로지 진실만으로 가득한 것
은, 어린아이에게 이야기를 건네는 듯한 서술자의 시점과 할머니
와 칼레의 목소리 그리고 침묵이 섞여 있는 이 작품의 독특한 서
술 방식 덕분이다. 아동문학의 단순함은 때때로 품격을 낳는다.

굽힐 줄 모르는 자존심

『날아라 나무새』*

동물과 달리 인간에게는 인식욕이 있다. 배우고 깨치는 일은 본질적으로 즐겁다. 아이는 말을 배우고 글을 깨치고 타인과 세상을 이해해가면서 자란다. 그런 아이에게 세상은 해독해야 할 거대한 텍스트와도 같을 것이다. 텍스트와 자신의 거리를 조절할 능력이 없는 아이에게는 바로 눈앞의 현실이 늘 '전부'로 보인다. 그래서 현재를 과거나 미래와의 관계에서 파악할 줄 모른다. 그런 아이들에게 일본 대중 문화의 수입과 민족 주체성에 대해 강의를 하고 토론을 벌이고 주장하는 글을 쓰게 하면 과연 아이들은 무엇을 얼마나 받아들이고 소화할 수 있을까? 제 몸에 스며들

----

* 이경순 글, 한선금 그림, 현암사, 1999.

어 감각으로 남지 않는 지식들은 언제 어떻게 지워져버릴지 모르는 채 잠시 아이들 머리 속에 저장될 뿐이다. 아이들이 기나긴 학생 시대, 입시 지옥을 치러내며 받아들였던 교과서들은 결국 다 어디로 가는가!

어쩌면 공허한 말들의 집합일 뿐일지도 모르는 교과서 속의 개념을 피와 살이 있는 생생한 생명체로 복원시켜 보여주는 것, 그것이 문학 혹은 예술이 아이들에게 해줄 수 있는 일이다. 『날아라 나무새』는 그런 일을 훌륭하게 수행하는 작품이다. 골동품 수집가의 아들이며 컴퓨터 게임에 빠져 있는 이 시대 대한민국의 보통 아이인 한결이가 솟대에 앉아 있던 소원을 들어주는 나무새, '만드니'를 타고 독립군이 활약하던 만주 벌판으로 시간 여행을 떠나는 이야기를 통해서 작가는 "뿌리를 잘 알고 사랑하는" 삶에 대해 이야기한다. 판타지의 적절한 사용, 나무랄 데 없는 극적 구조, 성실한 자료 고증, 유창하면서도 간결한 문체, 아이들 눈높이에 대한 세심한 배려 등 이 작품을 성공적으로 만드는 요인들은 군데군데 숨어 있지만 가장 돋보이는 것은 아무래도 작가의 신념이다.

국적 불명의 문화 속에 무방비 상태로 노출되어 있는 우리 아이들에게는 깨달음을 그리고 어른들에게는 뼈아픈 채찍을 선사하는 이 작품에서 놓치지 말아야 할 것은 작가가 민족의 비극을 눈물과 아픔과 상처 그리고 위로가 아니라 타오르는 가슴과 끓는 피, 부릅뜬 눈 그리고 굽힐 줄 모르는 자존심으로 그려나갔다는 점이다. 그러한 것들이 단순한 선동이나 지리한 설교가 되지 않을 수 있었던 것은 역시 작가의 신념이 충분히 내면화되고 문학적으로 승화되었기에 가능했으리라.

할 말이 너무 많아서 답답한 아이

『오징어섬의 어린왕자』*

작가는 이 작품을 실제 이야기를 바탕으로 썼다고, 주인공 호호는 지금은 '서른이 훨씬 넘은 어른'이 되어 있다고 말한다. 과거를 돌아보는 눈길은 대체로 초점이 분명하지 않다. 그래서 모든 게 아름답게 느껴지기 일쑤이다. 『오징어섬의 어린왕자』에도 그런 시선이 있다. 다소 추상적으로 설정된 시간과 공간이 그렇고 특히 '아버지의 눈물'이나 '아버지의 뒷모습' 등, 아버지에 관계된 에피소드들이 그렇다. 하지만 김소연은 아이의 현재는 어른의 과거와 같지 않다는 점을 또렷이 인식하고 있는 작가처럼 보인다.

-----

* 김소연 글, 한병호 그림, 웅진출판, 1999.

"엄마와 결혼을 했으면서도 한 번 더 결혼을 한" 아버지. 그 아버지 때문에 "안 낳으려다 낳"은 '칠삭둥이' 호호는 외딴 바닷가 마을 가난한 집안의 5남매 중 막내, 자폐 증상이 있는 아이이다. 이 우울한 풍경에도 불구하고 사람들이 겉모양만 보고 '자폐'라고 부르는 세계의 안쪽으로 호호를 따라 들어가보면 웃을 일이 너무 많다. 목욕탕 한가운데에 큰대자로 누워 코를 고는 아버지 때문에 "공중도덕도 모르는 사람"이라고 흉을 들은 호호는, "아버지뿐만 아니라 모든 어른들은 공중도덕을 모르는 것 같"다는 사실을 발견하는가 하면 자신을 "장미 성운의 가시별에서 지구로 파견된 외계인"이라고 믿는다. 수업 시간에 책을 읽으려고 일어섰지만 자기도 "어쩌지 못하는 초능력" 탓에 책 속의 글씨가 투명하게 변해 기어다니면서 엉키는 너무너무 귀여운 모습을 보고 빙그레 웃고만 있다. 누나를 언니, 형을 오빠라고 부르던 모자라는(?) 아이 호호가 텔레비전 사극을 보고 감동받은 나머지 "성질 나쁜 주주 형님께서는…… 주주 형님께서는 나를 붙잡겠다고 이리저리 뛰어다니십니다…… 씩씩거리면서 펄쩍펄쩍 뛰고 계십니다……" 하고 서술하는 대목에 이르면 아이건 어른이건 웃음을 참을 수가 없다.

무엇 한 가지를 힘주어서 분명하게 말하지 않는 이 작품은, 화가가 되는 것이 꿈인 소년의 삶을 담담하게 그려 보이고 있다.

"말이 없는 얌전한 아이"라는 평을 듣는 호호는 "사실은 할 말이 너무 많아서 답답할 정도"이다. 이 작품을 읽으면 독자는, 말은 "꼭 입 밖으로 해야 하는 것은 아니"며 "입 밖으로 하는 말은 거짓말"일 수도 있다고 생각하는 호호의 "마음에 귀 기울"이게 된다. 그리고 글을 읽는 것도, 쓰는 것과 마찬가지로 산다는 것의 동의어일 수 있음을 체험하게 된다.

꿈과 삶 그리고 작품

『눈나라에서 온 왕자』*

눈새를 만나기 전까지 나는 나를 살아가게 하는 것이 꿈이라는 생각은 하지 않았다. 꿈은 내게 그야말로 '동화적'으로 보이는, 입에 담기 쑥스러운 낱말이었다. 그리고 나는 지루함과 초조함과 불안함이 아무렇게나 섞인 세상 속에서 쉽게 균형을 잃는 자신을 그때그때 망각과 기억에 맡기면서 살아가는 보통 어른이었다. 그런데 눈새를 만나는 무더운 여름의 한복판에서 나는 내 안을 들여다보고 있다, 꿈이 무엇인지 알기 위해서. 눈새처럼 꿈의 본질을 찾아 떠날 용기는 없지만 내가 잃은 것, 내가 희망하는 것을 투명하게 들여다보는 것만으로도 현재는 훨씬 살 만한 것이 될

---

* 강숙인 글, 정수영 그림, 푸른책들, 1999.

것 같아서.

모모처럼, 어린 왕자처럼 생의 본질을 생각하게 하는 눈새, 만나고 있으면 삶이 시를 닮은 것처럼 느껴지게 하는 눈새, 4차원에서 온 열두 살짜리 소년, "3차원의 갓난아이보다 더 약하고 힘이 없"으며 "다만 부드럽고 맑기만" 한 아이, 가만히 바라보고 있는 3차원의 사람들에게 거울처럼 자신의 꿈을 반사시켜주는 아이. 그 아이 눈새를 만나고 있는 동안은 모두 행복했다. 새엄마를 피해 외가에 머물러 있던 시라도, 배우가 되기 위해 집 나온 부잣집 아들이라는 착각 속에 살아가는 길만이 형도, 정의로운 사회 실현을 위해 투쟁하다가 정신 병원으로 가버린 아버지를 가진 희주 누나도, 너무나도 쉽게 모든 것을 가질 수 있었던 탓에 삶이 잿빛으로 느껴지는 희망그룹 작은 회장님 강우 삼촌도, 아들을 잃고 절망에 빠져 붓을 놓아버렸던 화가 아저씨도. 그리고 꿈이 무엇인지 알기 위해 3차원 세상에 와서 아픔과 슬픔을 알아가는 눈새의 여정을 따라가는 나도.

3차원 세상의 꿈이 이루어진 4차원 세상 눈나라에서 꿈이 무엇인지 알기 위해 지구로 왔던 눈새는 힘겨운 여행 속에서 만난 사람들의 제각기 다르고, 들으면 들을수록 복잡한 설명 때문에 결국 꿈이 무엇인지 알지 못한다. 그리고 "모든 것이 흠이 없고 아름다운" 눈나라에 대한 그리움만 절절한 채 그곳으로 돌아

갈 날만 기다린다. 그러나 3차원과 4차원의 시간과 공간의 흐름
이 일치하는 그날 오후 5시 26분 58초에 눈새는 왼편으로 17도가
아니라 오른편으로 17도 기울어진 곳에 발을 내딛는 사소한 실수
를 함으로써 영원히 4차원의 세상으로 돌아가지 못하게 된다. 눈
심장이 녹아내릴까 봐 아무리 슬프고 아파도 울지 않았던 눈새는
뜨거운 눈물을 펑펑 쏟는다. 그리고 3차원의 아이로 거듭나면서
꿈이 무엇인지 진정으로 알게 된다. 상상력이 풍부한 아이라면서
속아주는 게 아니라 정말로 자신의 말을 믿어주었던 유일한 아이
시라와 함께 그리운 그곳, 4차원의 세계로 돌아가는 꿈을 가지게
되었으니까.

　　눈새 이야기의 결말은 행복하다고 할 수 있다. 눈새는 꿈이
무엇인지 알고 싶었던 소원을 이루었고 비록 3차원 세상에서나
마 마음속에 꿈이라는 '보물 지도'를 간직하고 살아갈 수 있게 되
었으니까. 그런데 그런 눈새 이야기가 담긴 『눈나라에서 온 왕
자』의 책장을 덮는 나의 마음은 그렇질 못했다. '지은이의 말'에
서 작가가 쓰고 있듯이 눈새는 왜 하필 왕자여야 했는지, 할머니
는 왜 눈새가 지구로 떠나는 것을 막지 않았는지 이상하게 생각
되었다. 그리고 눈새의 행복감이 바다 속에서 아이들과 자맥질하
고 햇볕 가득한 모래밭을 뛰어노는 것으로 상징되는 4차원의 세
상은 왜 겨울을 연상하게 하는 눈나라라는 이름을 가졌을까, 꿈

이 이루어졌고 사람이 곧 시간인 그곳에서 삶이란 어떤 것일까 궁금했다. 눈새는 모모나 어린 왕자처럼 어디서 왔는지 모르는 채 불쑥 나타난 아이가 아니니까. 그래서 작가에게 부탁하고 싶다. '꿈이 가진 신비한 에너지'에 대해 이야기하기 위해 열다섯 살이 된 눈새의 이야기를 다시 쓸 때는 4차원과 3차원의 세상을 좀 자세하게 대비시켜 보여달라고.

또래의 언어로 그린 세상

『문제아』*

오랫동안 과거를 답습하던 우리 어린이 문학이 새로운 시대에 적응하기 시작했다. 신춘문예나 소수 잡지에 의해서만 가능하던 '등단'이 이제 그 제도적인 틀을 벗었다. 누구라도 좋은 작품을 쓰면 '작가'가 될 수 있는, 보다 민주적인 출판 풍토가 이루어진 것이다. 지금, 우리의 어린이 문학은 신인들에 의해서 풍요로워지고, 나아가 변화와 발전의 가능성을 보여주고 있다. 그 한 예가 창작과비평사의 제3회 '좋은 어린이 책 원고 공모'에 당선된『문제아』이다.

이 책에는 정리 해고, 분단, 노동 운동, 학교 문제, 가난 등

---

* 박기범 글, 박경진 그림, 창작과비평사, 1999.

을 다룬 열 편의 작품이 실려 있다. 그러나 이 책을 우리 사회의 그늘을 조명한 이야기라고 해버리면 이 작품의 새로움에 대해서 아무것도 말하지 못하는 셈이 된다. 이 책이 독특하게 느껴지는 것은 서술 방식 때문이다. 1인칭 서술자 시점으로 되어 있는 이 작품들은 주인공 아이가 보고, 듣고, 겪고 느낀 것을 또래의 언어로 서술하는 형식으로 되어 있다. 대개는 1인칭 시점이라고 해도, 특히 아동문학에서는 주인공의 내면 탐구보다는 사건의 서술이 우선이다. 그러나 이 작품은 마치 일기와도 같은 문체를 사용, 사건이 주인공의 내면에 미치는 작용과 반작용을 섬세하게 드러내준다. 하지만 단편 모음집인데도 이상하게 이 책은 한 편의 장편처럼 읽힌다. 비슷한 색깔의 주제를 계속해서 다루고 있기 때문이기도 하지만 서로 다른 개성을 지닌 인물로 구별되지 않는 처음부터 끝까지 동일한 ‘나’의 목소리 때문이기도 하다. 또렷하고 생생한 아이다움이 느껴지는 그의 주인공들은 역설적이게도 하나의 목소리로 추상화되어 있다.

이 작품집에서 가장 두드러지는 작품은 단연, 표제작인 「문제아」와 「독후감 숙제」이다. 작가는 주인공이 읽고 있는 만화와 그림 일기를 작품 속에 그대로 삽입함으로써 어떠한 묘사보다도 훌륭하게 주인공의 심리를 그려 보인다. 일기의 문체를 사용하고 있지만 흔한 일기 형식을 빌리지 않는 이 책은 작가의 서문과

「독후감 숙제」를 통해서 작가가 일기체에 기대고 있다는 것을 고스란히 드러내 보여준다. 결코 가볍지 않은 사건들이 그려내는 마음의 음영을 아이의 단순한 언어로 정밀하게 그려낸 「문제아」나 「독후감 숙제」는 적어도 심리 묘사에 관한 한, 한국 어린이 문학사에서 유례를 찾아보기 힘들 만큼 빼어나다. 박기범은 아이의 내면을 투시하는 현미경과도 같은 시선을 가졌다. 사물과 사태의 외면(단순함)에 눈을 고정시키고 내면(복잡함)에 대해서 이야기하는 탁월함은 신인다운 패기를 충분히 보여준다.

아이들은 어른들을 떠나서 산다

『내가 대장 하던 날』*

몇 년 전에 번역된 『파스칼의 실수』를 기억하는 독자들에게는 플로랑스 세이보스라는 이름이 낯설지 않을 것이다. 따지고 보면 선생님 때문에 파스칼이 주워담을 수 없는 '실수'를 하게 된 『파스칼의 실수』는 상당히 많은 한국 독자들에게 사랑받고 있는 작품이다. 『내가 대장 하던 날』의 맨 첫번째 이야기도 선생님에게서 시작된다.

이 작품의 첫번째 이야기의 소재가 되고 있는, 그리고 작품 중간중긴에 등장하는 '로베르 선생님'은 『죽은 시인의 사회』에

---

* 플로랑스 세이보스 글, 김소영 그림, 최윤정 옮김, 문학과지성사, 1999.

나오는 선생님이나 하이타니 겐지로의 작품들에 나오는 선생님, 야시마 타로의 그림책 『까마귀 소년』에 나오는 선생님이나 크리스 도네르의 동화 『말의 미소』에 나오는 선생님들처럼 감동적인 교육의 현장을 생생하게 보여주는 훌륭한 선생님들과는 거리가 멀다. 문제 교사 중의 문제 교사다. 이 로베르 선생님의 이야기를 읽으면서 나는 참 놀랐다. 『파스칼의 실수』에 나오는 파스칼 담임 선생님의 나쁜 점과는 비교가 안 될 정도로 나쁜 선생님이기 때문이다. 아이들을 학대하는 선생님, 그 밑에서 길들여진 채 속으로만 단단하게 여무는 아이들…… 아이들은 선생님을 떠나서 산다.

선생님 때문에 엉겁결에 거짓말을 해버리고는 일이 커지자 속으로만 끙끙 앓는, 소심하고 별로 똑똑해 보이지 않는 파스칼과는 달리 『내가 대장 하던 날』의 주인공 '나'는 겉으로는 고분고분 어른 말씀 잘 듣는 모범생처럼 보이지만 속으로는 여간 당찬 게 아니다. 어른들의 억지와 위선과 불합리한 말과 행동들을 꿰뚫어보면서 안으로안으로 여물어가는, 열 살을 겨우 넘겼을 여자아이 마음의 움직임이 플로랑스 세이보스 특유의 긴장미 있는 문체 속에 야무지게 드러나 있다. 번역을 결정하고 실제 우리말로 옮기느라 여러 번 이 작품을 읽어야 했는데, 나는 매번 작가가,

제 속을 꼭꼭 여미고 있는 주인공 여자 아이의 심리를 그려낸 솜씨에 탄복하게 된다. 아이들 속으로 그렇게 깊이 파고 들어갈 수 있는 능력이 참으로 부럽다.

아이들을 기르노라면 커가면서 점점 더 속을 다 드러내 보이지 않는 아이들과 어떻게 소통을 해야 할지 난감할 때가 많다. 그럴 때마다 그동안 읽어온 아이들 책 속에서 만난 크고작은 아이들의 도움을 많이 받는다는 생각이 든다. 늘 자기 입장만 고집하는 어른들 때문에 시도 때도 없이 상처받는 아이들의 모습이 전보다 훨씬 자주 눈에 들어오기 때문이다. 『내가 대장 하던 날』은 열 살을 넘기면서 비밀이 많아지고 부모보다 친구를 더 가깝게 느끼는 것처럼 보이는 내 딸의 모습에 순간 당황하다가 잡은 책이었다. 나는 이 한 권의 책이 나로 하여금 내 딸의 세계를 좀 더 존중할 수 있는 마음을 준비시켜주었다고 생각한다. 나는 그런데, 내 아이가, 내 아이의 친구들이 이 책을 좋아할지 어떨지 몹시 궁금하다. 아직도 나는 멀었나 보다. 아이들 마음을 이렇게 짐작할 수 없으니…… 모쪼록 많은 아이들이 그리고 가능하다면 그 부모들이 이 책을 새미있게 읽어주기를 바라는 마음뿐이다.

독자에 대한 사랑

『세상에서 가장 친한 친구』*

많은 어른들이 아이를 키우는 건 참 어려운 일이라고 입을 모은다. 아니, 어쩌면 아이들은 스스로 자라는 건데 '키운다'고 생각하기 때문에 어려운지도 모르겠다. '제멋대로' 자라는 '보람초등학교 6학년 11반' 아이들 이야기를 담은 『세상에서 가장 친한 친구』에 나오는 아이들과 어른들, 그들이 관계하는 방식을 지켜보면 웃음이 터져나온다. 웃고 나면 허탈해지는 것이 아니라 도리어 의욕이 생기는 웃음이.

오로지 만화적인 상상력으로 세상을 이해하는 무명이, 사람들에게 마음을 닫아버린 채 동물들의 말을 알아듣게 된 유명이

----

* 이경혜 글, 권문희 그림, 푸른나무, 1998.

그리고 그들을 둘러싼 친구들이 모두 '제멋대로' 자랄 수 있는 것은 이 작품에 나오는 어른들 덕택이다. 각각 '춤바람 아줌마'와 '찌르릉 아저씨'로 통하며 탁한 세상의 위선을 그대로 비추어낼 것같이 맑고 정의로운 무명이 엄마와 아버지. 딸의 상처와 고집 앞에 인내하고 변화하는 유명이 부모. "사랑의 매로 너희들을 사랑하는 맛을 잊지 못해" 교장 자리도 마다하고 33년째 교단을 지키는 '바앙-구호 선생님'. 무명이를 만화의 바다에 푹 빠뜨려주는 '박송진 만화가'. 유명이의 턱없이 높은 자존심을 알아보는 '유경 동물 병원' 아저씨. 아빠가 막는 친엄마를 다시 만나게 해주는 나희의 새엄마…….

이 어른들에 둘러싸인 아이들이 자란다는 것의 속내를 보여주는 이 작품은 만화적 구성, 풍성한 익살과 순정에도 불구하고 단정하고 진지하다. 꼭 필요한 낱말만으로 간결하게 씌어진 문장들은 작가가 얼마나 아이들의 영혼과 교감할 줄 아는지 보여준다. 동화쓰기가 소설쓰기보다 어렵다면 그것은 작품이 아니라 독자를 사랑해야 하기 때문이다. 이경혜는 그 점을 잘 알고 있는 작가로 보인다.

우리말의 여러 가지 모습들

『까망머리 주디』*

아무개 엄마. 아이를 가진 대한민국의 모든 여자들은 이렇게 불린다. 부르는 사람에게는 만만하고 불리는 사람에게는 때에 따라 '내게도 이름이 있는데……'라는 기분이 들게 만드는 이 호칭은 전혀 특별한 데가 없다. 그러나 주디에게는 다르다. "난 방울이 엄마야"라며 손을 내미는 김사장 부인. "애 어른이 서로의 이름을 부르는" 미국 사회에서, 낳아준 엄마에게 버림받은 주디에게 '방울이 엄마'라는 자기 소개는 각별한 울림으로 다가온다.

　『까망머리 주디』는 금발 머리, 초록 눈의 부모를 가진 입양아 주디가 자기 정체성을 찾아 헤매면서 성장하는 이야기를 담고

---

* 손연자 글, 최경숙 그림, 지식산업사, 1998.

있다. 이 작품이 성공적인 것은 많은 부분, 소재의 특수성 때문이지만 뻔한 감상으로 흐르지 않기 위해 작가가 애쓴 흔적이 역력하다. 시(인디언 할머니와의 만남)와 동화(주디가 죠수아네 동생들에게 읽어주는 그림책) 그리고 노래(주디가 엄마 몰래 주워다 기른 고양이를 위한 파티)가 적절하게 삽입된 탓에 독자는 지루할 새가 없다. 뿐만 아니라, "악아, 금창이 미어지는고나…… 널 남에게 보내야…… 사는 일…… 고단하야……"라는 '여름이의 편지' 문체에서부터 '고럼 기렇구말구'를 후렴구처럼 반복하는 김사장 부친의 말투, 김사장 부부가 쓰는 표준 한국어 그리고 주디가 가족이나 친구들과 주고받는 미국말을 번역해놓은 듯한 말투, 선생님이었던 방울이 엄마의 입을 통한 한국어 강의, 영어와 비교해 우리말에 유난히 풍부한 형용사와 부사를 유창하게 구사한 말놀이에 이르기까지 한국어의 여러 층위를 맛볼 수 있다.

그러나 너무 말에 집착한 탓일까. 지나치게 장식적인 문체 때문에 억지스러워 보이는 묘사들이 때때로 집중을 방해한다. 게다가 성실함도 상상력도 전혀 엿볼 수 없는 삽화가 작품의 격을 따라가지 못한 것이 못내 아쉽다.

짐승의 눈에 비친 숲

『풀빛일기』*

동화 속에서는 동물이나 식물 심지어는 돌멩이나 똥도 말을 한
다. 의인화라는 것을 아는 어른이든 모르는 아이이든 그것을 이
상하게 여기는 사람은 아무도 없다. 그러나 그것들이 인간인 자
신들 곁에 나란히 존재하는 인간 아닌 무엇이라고 느끼는 사람
또한 아무도 없다. 『풀빛일기』 같은 동화가 새롭게 다가오는 것
은 대부분의 의인 동화들처럼 짐승의 탈을 쓴 사람들의 이야기를
하는 것이 아니라 실제 짐승들 이야기를 하기 때문이다. 인간의
눈으로 짐승을 바라보는 것이 아니라 짐승의 눈으로 인간을 바라
보면서 그들도 우리처럼, 아니 우리도 그들처럼 자연의 일부라는

---

* 김우경 글, 이준섭 그림, 지식산업사, 1998.

점을 일깨우기 때문이다.

동물 중에서 인간만이 자연의 질서에 순응하려 들지 않는다. 오히려 자연을 정복의 대상으로만 여긴다. 그런 인간의 눈에 비친 숲과, 자연을 삶의 터전으로 삼고 있는 짐승의 눈에 비친 숲이 같을 리 없다. 인간의 시각에만 길들여져 있는 독자가 아기 꿩 '풀빛'의 일기를 엿보노라면 연신 탄성을 발하게 된다. 노랑딱새, 휘파람새, 고라니, 흰눈썹황금새, 어치, 멧비둘기, 궁노루, 매발톱꽃, 은방울꽃, 민들레 꽃대궁, 청미래덩굴, 뱀딸기, 바위채송화…… 세상은 이렇게 아름다운 소리와 냄새와 빛깔이 넘쳐나는 곳이었던가.

물론 그 속에는 약육강식의 법칙에 의한 비극도 있지만 먹고먹히는 일 때문에 생기는 죽음은 필요 이상으로 소유하려 들고 오로지 즐거움을 위하여 짐승을 죽이기도 하는 인간에 의한 살육과는 근본적으로 다르다. 이들 짐승들의 세계에서 '인간보다 못한' '인간보다 더 나쁜'이라는 말은 최고의 욕이다. 그들에게 최악의 인간은 역시 사냥꾼. 사냥꾼에게 부모형제를 잃은 풀빛은 그 사냥꾼의 별장 마당에서 인간의 잔인함을 진저리나게 목격한다. 풀빛과 숲속 친구들은 그런 인간의 추악함을 고스란히 되비추어 보여준다.

이런 묵직한 주제에도 불구하고 이 작품이 전혀 딱딱하지 않은 것은 주인공 풀빛이 지극히 아이답다는 점, 일기글 형식으로 되어 있다는 점, 그리고 무엇보다도 "살아가면서 무엇을 보고 듣고 겪고 느끼고 생각할 때, 우리 마음 속에서 생기는 무늬를 말로 풀어낸" 시(詩)가 작품 속에 산재해 있다는 점 때문이다. 그럼에도 불구하고 마지막 부분에서 결국 인간에 의해 화해가 시도되는 것은 자연이라는 큰 테두리에서 본 짐승과 인간의 대립 구도를 흐릿하게 만든다. 해피 엔딩에 대한 너무 단순한 강박관념 혹은 사회적 실천에 대한 사명감은 이처럼 도식적인 결말로 작품의 가치를 떨어뜨릴 위험이 있다.

아이와 일, 과연 선택의 문제인가

『딸들이 자라서 엄마가 된다』*

여자들이 사회적으로 성공하기 어려운 것은 정도의 차이는 있지
만 어느 사회에나 만연해 있는 남성우월주의적인 분위기 때문이
다. 그리고 그에 못지않게 가사 노동과 육아 문제 때문이다. 그래
서 직업을 가진 대부분의 여자들은 '아이 때문에⋯⋯'로 시작하
는 문장을 언제나 기억 전면에 저장하고 다닌다. 육아와 직업을
힘겹게 병행해 나가다가도 어느 순간에 이르면, 많은 여자들이
아이를 택할 것인가 일을 택할 것인가 하는 심각한 고민에 빠진
다. 아이와 일이 과연 선택의 대상으로서 동등한 가치를 가질 수
있는 것일까? 그럼에도 불구하고 우리 사회는 여자들로 하여금

---

* 수지 모건스턴과 알리야 모건스턴 글, 최윤정 옮김, 웅진출판, 1997.

종종 이런 어이없는 물음을 스스로에게 던지게 한다.

수지 모건스턴의 경우는 이와 정반대라고 말할 수 있다. 그녀가 글을 쓰기 시작한 것은, 그리하여 오늘날 프랑스에서 가장 많이 읽히는 작가 중의 한 사람이 된 것은 아이들과 더불어 살아가는 삶을 통해서였기 때문이다. 그녀의 인생 역정을 들어보면 그녀의 존재 중심을 이루는 글쓰기가 모성과 뗄 수 없는 관계에 있다는 걸 이해하게 된다.

수지 모건스턴은 1945년 뉴저지에서 태어난 유대계 미국인이다. 그녀가 오늘날 심한 미국식 억양을 가지고 한눈에 외국인 티를 내면서도 프랑스 말로 글을 쓰는 인기 작가가 된 것은 이스라엘 유학 도중, 역시 유대계 프랑스인인 남편을 만나면서부터였다. 세미나 참석차 이스라엘에 온 수학자를 대학 식당에서 보고 첫눈에 반한 그녀는, 전혀 예쁘지 않은 얼굴, 뚱뚱한(이 말에는 과장이 없다. 그녀는 비만이므로) 몸매, 게다가 프랑스 말이라고는 한마디도 모르면서 무작정 그를 따라 니스에 정착한다. 니스 대학의 영어 선생으로 일하면서 박사 학위 논문을 쓰고 두 딸을 낳고 길렀다. 그녀가 본격적으로 글을 쓰기 시작한 것은 아이들이 자라는 것을 지켜보면서부터였다. 아이가 태어나서 자라고,

세상에 눈떠가는 것을 지켜보는 것은 하나의 환희, 그대로 덮어둘 수 없는 행복이었다고 그녀는 회상한다. 인정 많고 호기심 많은 그녀는 딸들의 삶의 갈피갈피를 주의 깊게 지켜보면서 수많은 동화와 청소년 소설을 쓰는 작가가 되었다. 수지 모건스턴은 지금까지 약 40여 권의 작품을 발표하였으며 그녀의 책을 대부분 출판하는 에콜 데 로아지르 사에서 세계적으로 가장 많은 저작권이 팔려나가는 작가이다.

『딸들이 자라서 엄마가 된다』는 그녀의 큰딸이 위험한 사춘기(사춘기는 누구에게나 위험하다)를 지나고 있는 것을 아슬아슬하게 지켜보던 그녀가 생각해낸 슬기로운 무기였다. 그녀의 작품이 모두 그렇듯 이 작품에도 전편에 걸쳐 유머와 재치가 반짝거린다. 결코 순탄하지만은 않았을 것이 분명한 인생을 살아온 그녀는 언제나 유머 감각이 뛰어나다. 인생의 비극적인 면들에 대해 거리를 유지하지 못할 때 사람은 그것에 억압당하고 종속되어 버린다. 억압과 종속 속에서는 웃을 수가 없다. 작품 속에서나 실제로나 그녀는 언제나 웃음을 몰고 다닌다. 유머 감각은 그녀가 가신 힘이다. 그리고 그것은 어쩌면 유대계 미국인이 프랑스인으로 정착했다는 복잡한 그녀의 삶의 조건 자체에서 나오는지도 모른다.

『딸들이 자라서 엄마가 된다』로 수지 모건스턴은 문학 부문 프랑스 여성인권상을 받았고, 발간 이래 지금까지 수십만 부가 팔려나갔다. 이 책은 원래 프랑스 어린이, 청소년 책 전문 출판사인 에콜 데 로아지르에서 청소년 소설 형태로 출간되었으나, 작가 자신은 누구보다도 세상의 모든 어머니들을 위해 이 책을 썼다고 한다. 실제로 그녀는 프랑스에서 이 책을 주제로 한 어머니와 딸의 만남이라는 각종 행사에 무수히 초대되어 독자들과 대화의 시간을 가졌다고 한다. 그럼에도 불구하고 이 소설이 '청소년용'으로 분류된 이유에 대해서 그녀는 한마디로, 그렇게 해야 책이 잘 팔리기 때문이라고 했다. 입시와 관계된 것이 아니면, 청소년용으로 책을 내보아야 전혀 팔리지 않는 우리와는 영 딴판인 사정이다. 당시 고등학생으로서 엄마와 같이 이 책을 쓴 딸 알리야 모건스턴은 지금 언어학 박사가 되어 소르본 대학에서 전임 강사로 일하고 있으며 그녀 자신, 세 살배기 딸의 엄마가 되어 있다.

수지 모건스턴은 글쓰는 일뿐만 아니라 딸들을 키우는 일에도 상당한 자부심을 가지고 있다. 그래서 그런 걸까, 둘째 딸 마야 모건스턴도 의과대학을 졸업하고 최근 인턴 시험에 합격, 병원에서 근무하고 있다. 이만하면 두 딸을 훌륭하게 키웠다고 할 수 있는 그녀에게 일과 아이는 전혀 선택의 문제가 아니었다. 그래서일까, 어린이 책에 관심을 쏟으면서도 선뜻 다른 일을 젖히고 발을 들여놓지 못하는 내게 그녀는, "어린이 책에 관한 일을 하는 건 그다지 나쁘지 않다"고 말해주었다. 그리고 이제 나는 그녀의 말이 옳다고 생각한다.

아름다움은 힘이 세다

『속죄양의 아내』*

아이들은 천성적으로 위선적일 수 없다. 그래서일까, 아이들 사회에서는 어른들 사회에서보다 더 쉽게 폭력이 문제가 된다. 현대 동화 중에는 또래 집단에 의한 폭력이라는 풀기 어려운 문제를 다룬 작품이 꽤 있다. 『속죄양의 아내』도 그런 작품 중의 하나이다.

방학이 다가오는 더운 여름날, 교실 안 분위기는 수업 진행이 불가능할 정도로 어수선하다. 선생님도 아이들도 공부할 생각이 없다. '말도 못 할 소란' 속에서 방학을 기다리던 어느 날, 반 아이들이 미카엘을 의자에 묶어놓고 놀려대는 사건이 일어난다.

집단에 의한 폭력에 대해 신경증적 강박이 있는 선생님은 아이들을 향해 "너희들은 몰라. 너희들은 꼬마 깡패들이야. 아무것도 몰라"라고 고함을 지르며 스스로 폭발한다. 그 역시 폭력이다. 선생님의 폭력에 질려버린 아이들.『속죄양의 아내』는 그 폭력에서 벗어나기 위해 선생님이 지어내 아이들에게 들려주는 이야기이다.

모두의 잘못을 뒤집어쓰는 대가로 돈을 버는 속죄양. 직업적으로 당하는 폭력을 집에 와서 아내에게 되갚음하는 속죄양은 모든 권위적인 남편의 상징이다. 그러나 선생님의 얘기는 속죄양에서 머무르지 않고 그 아내 쪽으로 펼쳐진다. 페미니즘의 멋진 승리. 그러나 속죄양의 아내가 해낸 것은 싸움이 아니라 '노래'였다. 그녀의 아름다운 노래는 속죄양을 필요로 했던 고객들의 영혼을 정화시킴으로써 그들이 가졌던 문제를 잊게 만들어준다. 예술이 일으키는 감동의 본질에 대한 적절한 포착.

'이야기'는 선생님과 아이들을 하나로 만들어주었다. 그 나머지 것들은 중요하지 않다. 속죄양의 아내 이야기에서처럼 미카엘을 향한 폭력 문제 같은 것은 이야기를 하고, 듣는 동안에 없어져버렸다. 아이들은 저마다 연극이 하고 싶어진 것이다…… 아이들에게는 어렵거나 복잡한 얘기는 피해야 할까? 선뜻 긍정도 부정도 할 수 없는 이런 물음은 어린이 문학의 주요 고민 중의 하

나이다. 아네스 데자르트가 우리의 물음에 작품으로 대답해주었
다. 잘 계산된 액자 소설 형식, 계속되는 반전, 어둡고 무거운 인
간의 내면이 어우러진 이 작품은 무엇보다도 아름답다. 아름다움
은 힘이 세다.

상상력 혹은 힘

『마녀를 잡아라』[*]

어린이 책의 매력은 작가도 독자도 사실임직할까, 그렇지 않을까를 일일이 따지지 않을 수 있다는 점이다. 로알드 달의 『마녀를 잡아라』에서처럼, 현실 세계에서는 전혀 일어날 수 없는 일이 오늘날의 영국과 같은 공간에서 일어나도 아이들은 그것을 전혀 문제 삼지 않는다. 이 작품은 '진짜 마녀에 대한 실화'라고 주장하는 주인공 소년의 회고담으로 시작된다. 마녀라니! 그러나 이야기를 읽어나가면, 전혀 아이가 아닌 어른까지도 마녀가 진짜 있는 것 같은 기분에 빠져든다…….

'나'는 겨우 일곱 살을 넘기넌 해에 교통사고를 낭해 부모를

---

[*] 로알드 달 글, 퀜틴 블레이크 그림, 지혜연 옮김, 시공주니어, 1997.

한꺼번에 잃는다. "그날 오후의 끔찍했던 사고"에 대해 그리고 고아가 된 '나'의 삶에 대해 작가는 거의 아무런 말도 하지 않는다. 손자를 떠맡은 할머니가 그들의 '엄청난 슬픔'을 잊기 위해 택한 것은 이야기였고 그중에서 마녀에 관한 이야기가 '나'를 가장 신나게 만들었다. 마녀는 '나'로 하여금 이야기와 현실 사이를 오락가락하게 만들다가 결국은 이야기 속에서 현실을 버텨낼 힘을 키우게 만든다. 우연한 기회에 마녀들의 정기 총회를 엿보게 되고, 생쥐로 변했음에도 불구하고 어린이들을 구출하기 위해 이 세상 마녀들을 모조리 생쥐로 만들어버리는 모험에 뛰어드는 '나'. 그 신나는 모험 속에서 '나'는 '고아'도 '생쥐'도 아닌 자기 자신일 뿐이다. 우리의 주인공은 생쥐로 변했을 뿐만 아니라 수명이 턱없이 짧아졌다는 사실을 받아들이는 데에 힘겨워하기보다는 그 상황에 이내 적응하고 마녀를 퇴치하기 위하여 끊임없이 지략을 짜낸다.

언제나 약자인 아이들 편에서 보자면 아이들은 너무도 부당하게 어른들한테 당할 때가 많다. 그들에게 어른들이란 무슨 일이든 할 수 있는 '마녀'처럼 보이지 말란 법도 없으리라. 이 작품 속에는 사회에 대한 풍자도 있고, 끊임없이 새로운 생각을 해내야만 모면할 수 있는 위기들 때문에 생기는 발상의 전환도 있으며 "사랑해주는 사람이 있는데 자기가 무엇인지, 어떻게 생겼는지가 무슨 문제가 되겠"느냐고 말하는 생의 예지도 들어 있다.
하지만 '가장 대담하고, 신나고, 뻔뻔스럽'다는 평가를 받는 로알
드 달 작품의 매력은 이 모든 의미들을 넘어서는 재미들에 있다.
상상력은 그 자체만으로 커다란 힘이 된다. 특히 성장기에 있는
아이들에게는.

믿는 척하는 재미

『머릿속의 난쟁이』*

허구라는 점에서 문학은 거짓말이다. 그 거짓말이 정말인 것처럼 보이는 것은 그 속에 심정적 진실이 담겨 있기 때문이다. 그러니까 독자는 작품 속의 얘기들을 믿지 않으면서 믿는다. 프랑스의 그림책 작가 클로드 부종 식으로 단순하고도 명쾌하게 말하자면 독자는 "책에 나오는 얘기를 다 믿으면 안" 되지만 "믿는 척하면서 재미있어할 수는 있"다. 어린이 책이 특히 그렇고 그중에서도 판타지를 사용한 책은 더욱더 그렇다.

어른들 때문에 하루하루를 정말 복잡하게 살아야 하는 안나의 머리 속에는 난쟁이가 살고 있다. 이 난쟁이와 안나가 벌이는

----

* 크리스티네 뇌스트링거 글, 유타 바우어 그림, 유혜자 옮김, 사계절, 1997.

홍미진진한 모험을 따라가다 보면 아이들뿐만 아니라 어른들까지도 "믿는 척하면서 재미있어하"게 된다. 안나의 엄마와 아빠를 보면 남녀 평등을 주장하는 게 아니라 독일에서는 마치 남녀 평등이 이미 이루어진 것처럼 보인다. 안나의 양말을 태연히 꿰매는 아빠와 "아이와 함께 살기가 무척 어려운" 연극 배우라는 직업을 가진 엄마의 이혼. 그것도 모자라 안나를 '탁구공처럼' 왔다 갔다 하게 만들어놓고도 소리소리 질러가면서 싸우는 그들에 비하면 다섯이나 되는 아이들을 끼고 사는 페터네 부모는 다분히 원시적으로 보인다. 이 두 가족의 대조를 통해서 작가는, 양과 질에 있어서 우리와는 비교가 안 되는 독일 어린이 문화의 이면에 숨겨진 어른들의 이기주의를 비판한다.

그러나 거기에는 편가르기나 미움, 슬픔이나 어둠조차도 없다. 그것은 많은 부분이 '머릿속의 난쟁이' 덕분이다. 슬퍼하거나 분개하거나 화내는 사람의 머리 속에서는 살 수 없는 난쟁이. 안나가 부당한 행동을 할 때면 당장 떠나버리겠다고 위협하는 난쟁이. 엄마 아빠가 싸우는 걸 보고 "멍청히 서서 위로받겠다는 생각이나 하"지 말고 소리를 지르라고 가르치는 난쟁이. 대책이 안 서는 심술꾸러기 헤르반에게로 몸을 옮겨 노대체 어떻게 해서 머릿속이 그 모양으로 생겼는지 알이뵈주는 난쟁이…… 난쟁이 덕분에 안나는 점점 '정상적'인 아이가 되어간다. "오래전부터 안

나의 귓속에는 난쟁이가 살고 있었다"는 순전한 거짓말로 이야
기를 시작하는 것은 인생의 중요한 모든 결정이 어른 중심으로
이루어지는 상황 속에서 무력하게 살아가는 아이들을 존중하는
작가 나름의 방법이다.

언덕길을 오르는 완행 버스의 향기

『할아버지 요강』*

단 한 줄의 문장으로도 풍경이나 사물이나 인간 혹은 인생의 정수를 담아낼 수 있는 것이 시이다. 그러나 이제, 누가 시를 읽는가. 시는 점점 독자들을 잃어가고 있다. 동시도 마찬가지다. 어린이 문학의 르네상스라고 불리는 요즘에도 여전히 소외받고 있는 것이 동시다. 아이들은 동시를 어떻게 이해할까?

유치원 교육 탓인지 아이들은 동시 한번 써보라고 하면 주저하지 않는다. 무엇보다도 짧다는 것이 아이들에게 쉽다는 느낌을 주는 모양이다. 아이들은 시인이라는 말도 있다. 아닌 게 아니라 어른들이 사용하는 일상 언어의 문법을 아랑곳하지 않고, 저

---

* 임길택 시, 이태수 그림, 보리, 1996.

희들이 느끼는 대로 언어화시켜놓은 글들은 종종 '시'가 된다. 그러나 그것도 잠시뿐. 초등학교 교과서 동시에 익숙해지면서부터 아이들은 시를 잃어버린다. '시시한' 교과서 동시들이 아이들의 '시'를 오염시키기 때문이다…….

동시라면 어른이건 아이건 시큰둥한 반응을 보이게 되어버렸건만 아직도 그 위기를 말하는 이는 별로 없다. 임길택은 그 와중에 조용한 목소리로 '선생님과 아이들이 함께 보는 시'를 남기고 떠났다. 그의 시들을 읽고 있노라면 눈에 잡힐 듯이 떠오른다. 노년기 지형 덕분에 한없이 둥글고 정겨운 우리 산천이. 그 어느 산자락 마을에 오두마니 살고 있는 아이들과 어른들의 삶이. 농촌을 말하는 작품. 7, 80년대를 지나오는 우리 아동문학에 가장 흔한 것이 농촌 혹은 가난을 말하는 작품들이다. 그러나 농촌 사람들의 억울함, 도시 사람들의 부당함에 대해 목소리를 높이는 작품은 많아도 실제로 농촌을 담고 있는 작품은 별로 없다. 『할아버지 요강』이 빛나는 것은 "농촌에서 아껴 쓰자 말하는 것은 웃을 일"이라는 것을 잘 알고 있는 시인이 "가난해도 어떻게든 살아가"는 농촌 사람들의 속내를 보여주기 때문이다. "흙먼지 뒤집어쓰고 다니"면서 "길 가기 힘든 이들 모두 태우고 언덕길을 함께 오르"는 "완행 버스 같은 사람이 되고만 싶"은 마음으로 쓴 작품들이기 때문이다.

　그 마음이 우리들 가슴을 순하디순하게 만들어주는 걸까.
책장을 덮고 나면 '향기'가 전해져온다. 그 향기는 얼마간은, 흑
과 백만으로도 다양한 톤의 스펙트럼을 보여주는 이태수의 그림
들 덕분이다. 그리고 또 그 그림들이 시의 이미지와 충돌을 일으
키지 않도록 잘 계산한 편집자의 노력 덕분이기도 하다.

어른들의 이기주의

『로테와 루이제』*

어른들에게는 이제 결혼도 이혼도 선택의 문제가 되었다. 그러나 아이들에게 이혼이나 재혼은 절대악이다, 아이들에게는. 그럼에도 불구하고 절대다수의 부모들은 이혼이나 재혼 결정에 있어서 아이들 의사를 묻지 않는다. 이런 상황의 부당함에 대해 말하는 어린이 문학 작품은 우리나라에도 점점 많아지고 있다. 그러나 많은 부분, 어린이의 세계와 어른의 세계가 섞여 있고 작가가 말하려는 바가 뚜렷하지 않아 답답하다. 이러한 상황에 참고할 만한 작품이 있다.

에리히 캐스트너는 어른들의 이기주의에 대한 적나라한 비

---

* 에리히 캐스트너 글, 발터 트리어 그림, 김서정 옮김, 시공주니어, 1995.

판과 아이들에 대한 냉정한 사랑, 어른과 아이 사이의 철저한 상호 존중을 로테와 루이제의 이야기 속에 기발한 상상력으로 담아 놓고 있다. '예술가적 기질' 보호를 위해 가족을 자주 잊는 아빠와 그런 남편에게 쉽게 발끈하는 젊은 엄마가 쌍둥이 자매를 '반으로 갈라서' 하나씩 나누어 갖고 헤어진 후 서로 연락을 끊는다. 그러나 어린이 방학 캠프에서 만나, 출생의 비밀을 알아버린 로테와 루이제가 집을 바꾸어 찾아들어가면서 엄마와 아빠가 자신들이 한 짓이 어떤 것이었는지 깨닫게 되고 재결합한다는 내용의 이 작품은 감상적이기는커녕 '묘하게 얽히는' '진짜 신나는 일' 때문에 처음부터 끝까지 흥미진진하다.

부모가 이혼한 아이에게 동화 작가는 무엇을 해줄 수 있을까? 무엇보다 엄마나 아빠에 대한 인간적인 이해를 도와줄 수 있을 것이다. 또 아이가 자신에게 주어진 상황에 능동적으로 대처할 수 있도록 도와줄 수도 있을 것이다, 에리히 캐스트너처럼. 이혼이라는 비극적인 문제를 다루고 있음에도 불구하고 이 작품은 발랄하다. 아이들의 넘치는 생기와 탄력이 느껴지는 문체, 복잡한 심리를 단순한 사건들의 나열 속에 투사함으로써 명쾌해지는 이야기, 그리고 삶의 논리.

이 작품이 나온 때는 비교적 오래전(1949)이라 이혼이라는 테마를 정면으로 다룬다는 것이 어린이 문학에서는 하나의 도전

이기도 했다. 하지만 가르친다는 임무에 충실하다는 점에서 이 작품은 상당히 전통적이기도 하다. 그러면서도 전혀 근엄한 도덕주의자의 얼굴을 하고 있지 않은 에리히 캐스트너는 교육적이고도 문학적인 것이 어떤 것인지, 어린이 문학이란 얼마나 멋진 것인지 유감없이 보여주고 있다.

사랑보다 더 필요한 '존중'

『괭이씨가 받은 유산』*

아동문학은 근본적으로 미숙한 존재인 아이들을 대상으로 하는
만큼 교훈성이라는, 자칫 작품의 질적 저하를 가져올 우려가 있
는 어려운 과제를 안고 있다. 주인공이 다양한 모험을 통해서 자
기 성숙을 이룩하고 세상 이해의 폭을 넓힌다는 식의 전개는 옛
이야기에서부터 현대 창작에 이르기까지 가장 무난하게 그 과제
를 실천하는 형식이다. 『괭이씨가 받은 유산』도 그런 점에서 보
편적인 작품이다. 그러나 흔히 동물을 주인공으로 하는 작품들이
그 야생의 삶을 통해 인간과 동물의 대립을 보여주는 반면, 동물
중에서도 애완 농물 이야기를 통해 인간과 동물이 친구 사이가

----

* 조장희 글, 김복태 그림, 중앙M&B, 1995.

되는 것을 보여준다는 점에서는 개성적이다.

이 작품은 주인 아줌마의 사랑 이외에는 아무것도 모르는 '행복한 미요'가 도둑고양이들에게 "너의 두목은 바로 너다!"라고 외칠 수 있는 고양이다운 고양이로 거듭나는 이야기를 담고 있다. 미요의 이런 변신은 자신을 '친구'로 대해주고 유산까지 남기는 생선 가게 할머니 덕분에 가능하다. 무소유와 베풂의 미덕을 몸으로 실천하는 불교적인 세계관을 가진 할머니는 미요에게 그리고 독자들에게 여운과도 같은 형태의 가르침을 남긴다. 그런 생선 가게 할머니에 비하면 털보 아저씨의 동물 학대에 대한 말들, 그리고 청어 열 마리를 사러 와서 한사코 '비웃 한뭇'을 고집하며 '훈장질하던' 할머니의 우리말 사랑에 대한 잔소리, 서양 흉내 운운하면서 애완견들을 업신여기는 진돌이의 말은 날것으로 드러나는 가르침으로 독자를 식상하게 한다.

인간의 자연 정복은 수많은 문제를 낳았지만 이미 돌이킬 수 없는 현실이 되어버렸다. 싫건 좋건 우리는 그 속에서 살고 있다. 이제, 시멘트를 부정하고 흙을 예찬하는 것만으로는 아이들을 비인간화된 환경으로부터 구출할 수 없다. 동물들도 그렇다. 개나 고양이가 원래는 야생 동물이었다 할지라도 이제는 사람과 함께 사는 집짐승이 되어 있다. 미요처럼 자신을 잊게 만들어버리거나, 재롱이나 아양이처럼 '수치스럽'거나 '끔찍한' 수술을 시키는 것은 잔인한 일이지만 무작정 숲으로 돌려보내는 것도 그들을 사랑하는 최선의 방법은 아니다. 아이들은 너나없이 동물을 사랑한다. 그러나 그 사랑은 몹시 자기 중심적이다. 그 아이들에게 가르칠 것은 타자 존중이다. 그리고 어른들이 아이들에게 사랑보다 더 베풀어야 할 것도 바로 존중이다. 아이들은 어른들의 '애완용'이 아니므로.

알레고리라는 대책

『아기 도깨비와 오토 제국』*

"희망을 잃으면 생명을 잃는다." 이처럼 잠언풍의 경구로 환원시키면 삶에는 단순한 몇 가지 원칙들이 있을 뿐인 것처럼 보인다. 그럼에도 불구하고 세월 따라 세상 따라 복잡하게 펼쳐지는 인생살이의 이치를 어떻게 아이들에게 가르칠 것인가. 온갖 나쁜 것으로부터 아이들을 보호하기 위하여 좋은 것만을 보여주는 일은 이제 불가능해졌다. 정보와 시장에 아이들이 무방비 상태로 노출되어 있는 이 괴물 같은 21세기 물질 문명 사회에서는. 그런데도 일반 문학이 외면하는 인간과 사회의 긍정적인 면모에 대해 꾸준히 말해야 하는 것이 어린이 문학의 운명이다. 어떻게

----

* 이현주 글, 전기윤 그림, 웅진출판, 1991(초판본).

할 것인가?

알레고리가 하나의 대책이 되어준다. 『아기 도깨비와 오토 제국』은 불합리하고 비인간적인 세상 모습을 담고 있다. 어린이 문학의 금기 중 하나다. 그러나 이 작품을 초등학교 저학년 아이들도 재미있게 읽을 수 있는 것은 알레고리의 성공적인 사용 덕분이다. 아이들은 사물의 이면을 짐작할 수도 없고 사회를 움직이는 원리에 관심을 가질 수도 없지만 늘 반짝이고 있는 두 눈에 보이는 만큼은 본다. 한국 어린이 문학의 주류가 사실주의인데도 불구하고 민주와 자유와 정의에 대한 아이들이 이해할 수 있는 통찰을 보여주는 작품은 지극히 드물다. 이현주는 사실주의의 지평을 선뜻 넘어 판타지를 동원함으로써 사회 현실의 모순을 한결 통쾌하게 드러낸다.

어리석은 대중 심리, 부정하거나 부패한 사기꾼과 공무원, 자기 일 이외에는 아무것에도 관심이 없는 거대한 산업 사회의 부속품 같은 회사원들. '스티그프라 대왕'의 독재하에 살아가야 하는, 그러나 희망이 존재할 이유가 전혀 없는 '영원한 낙원' 오토 제국. 그것은 독재 정권을 치러낸 20세기 말엽의 한국 사회 모습, 자연으로부터 유리되어버린 현대인의 삶, 어른들의 늦에 따라 꼭두각시처럼 살 수밖에 없는 오늘날 우리 아이들의 현실이다. 이렇게 여러 가지 뜻으로 해석될 수 있는 알레고리를 사용,

판타지 동화의 기본 문법에 충실하게 씌어졌기에 『아기 도깨비와 오토 제국』은 시간을 견디고 살아남았고 앞으로도 그럴 것이다.

　　독자에게 현실 개혁 의지를 강요하지 않는 것도 이 작품의 큰 장점 중 하나이다. 아이들은 아이들일 뿐이지 않은가. 루루는 오토 제국으로부터 오치구 박사 일행을 구출하지만 그가 지닌 힘은 여느 동화 속의 구원자와는 달리 비폭력적이다. 적을 공격하는 게 아니라 자기 몸을 아주 무겁게 만들어 상대방을 이겨내는 루루, 나쁜 사람은 벌주고 착한 사람은 도와줘야 한다고 굳게 믿는 루루, 호기심이 넘치는 루루, 쉽게 기분이 바뀌는 루루. 너무나 귀엽고 사랑스러운 루루. 루루는 모든 아이들에 대한 상징이다.

린다 수 박의 작품을 읽는 한국 독자의 시선

『사금파리 한 조각』 1·2*
『연싸움』**

한국계 작가가 한국을 소재로 쓴『사금파리 한 조각 *A Single Shard*』이 뉴베리 상The Newbery Medal을 받았다는 소식을 접하고도 나는 한참 동안 그 책을 찾지 않았다. 그러다가 이제 와서 그의 작품들을 찾아 읽어보는 내 마음은 말 그대로 복잡하다. 그 '복잡'의 실체는 이렇다. 2년 전 나는 한국계 미국인 작가인 헬렌 김Helen S. Kim이 쓴『장마』(원제: *The Long Season of Rain*)라는 책을 프랑스어로 읽어본 적이 있다. 60년대를 배경으로 남아 선호 사상, 고부 갈등, 가부장 중심의 가족 분위기 등등이 지리하고 무거운 한국 특유의 상마 느낌 속에 어우러진 기나긴 장

---

* 린다 수 박 글, 김세현 그림, 이상희 옮김, 서울문화사, 2002.
** 린다 수 박 글, 낙송재 그림, 이상희 옮김, 서울문화사, 2002.

편이었는데, 정작 한국 사람인 나는 그런 책이 있는 줄도 몰랐었다. 그런데 프랑스의 몇몇 편집자들이 한결같이 '아름답다'며 감동 어린 말투로 일독을 권해왔다. 결국 나는 밤을 새면서 그 작품을 읽었다. 그 작품에 푹 빠져서가 아니었다. 작가가 그려낸 세계는 분명 내가 속해 있는, 특히 내 유년의 기억과 시대적으로 일치하는 문화임에도 불구하고 작품 속의 인물들에게서 나는 정서적 동질감을 느낄 수 없었다. 이 난감한 현상을 스스로에게 설명하지 않고는 뭔가로부터 자유로울 수가 없었다.

나는 무엇으로부터 자유로울 수 없었던 것인가? 선명하게 설명되지 않는 어떤 후텁지근한 덩어리 같은 것에 짓눌린 기분이었다. '그들'에게 아름답게 보이는 머나먼 '풍경'이 내게는 다만 현실일 뿐이었는데 그것이 안정감 있게 다가오지 않는다는 것이 나를 불편하고 헷갈리게 만들었다. 잠시, 유년기에 한국을 떠나 한국어를 거의 잊어버린 한국계 작가가 미국 땅에서 영어로 쓴 한국에 대한 작품을 토종 한국인인 내가 프랑스 땅에서 프랑스어로 읽고 있기 때문에 모든 것이 서걱거리는 것인가 하는 군색한 변명을 짜내보기도 했었다. 그래도 그 작품을 좋아할 수 없다는 것은 여전히 이상하고도 불편한 감정이었다. 내가 그 불편함으로부터 놓여날 수 있었던 것은, 오래전에 한국을 떠난 헬렌 김이라는 작가가 더 이상 한국인이 아니라는 판단을 하고 나서였다. 그래서 종종 한으로 승화되곤 하는 한국인, 특히 여성들의 억압적인 감정들을 '왜냐하면'과 '그러므로'로 딱 맞아떨어지는 서구어로 그려내고 있기 때문이라는 결론을 내리고 나서였다.

린다 수 박Linda Sue Park의 『사금파리 한 조각』과 『연싸움 *The Kite Fighters*』을 읽으면서 나는 그때의 기억을 떠올리지 않을 수 없었다. '동양인 최초로 세계 최고의 아동문학상을 수상한 바로 그 작품' '전 세계 어른과 아이들을 감동시킨 우리 이야기'라는 출판사 측의 광고 문구나 이 작품에 쏟아진 매스컴의 관심에도 불구하고 그다지 큰 기대를 갖지 않고 이 책들을 읽었던 것도 그런 연유에서다. 린다 수 박이 얻어낸 뉴베리 상의 영예는 우리를 들뜨게 한다. 고려청자와 연이라는 한국적인 소재를 다룬 이 책들이 미국을 비롯한 서구 각국의 도서관에 비치되고 세계 어린 독자들의 손길을 탄다는 상상을 하면서 우리는 은근히 자부심을 느낀다. 신문 기사들이 우리에게 전해준 즐거움이다. 하지만 정작 그 작품들이 번역되어 우리들의 손에 와 닿은 지금, 우리는 그렇게 행복하지만은 않다…… 그 이유는 본질적으로 이 작품들이 영어로 씌어졌다는 데에 있는 것으로 보인다.

언어란 묘한 것이나. 쉽게 소유할 수 없는, 살아 움직이는 것이다. 언어는 단순한 의사 소통의 노구가 아니다. 그래시 아무리 배우고 익혀도 그 어떤 외국어도 쉽사리 자기 것이 되지 않는다. 하나의 언어를 체득한다는 것은 그 언어 속에서 소외감 없는 편안함을 느껴간다는 뜻이다. 우리가 '우리'로 느낄 수 있는 것도 한국어라는 하나의 언어 속에서 정서적인 유대감으로 묶여 있기 때문이다. 그 정서적 유대감 속에는 우리가 직접, 간접적으로 나누어온 수많은 경험들이 녹아 있다. 그런데 린다 수 박은 한국어를 전혀 하지 못한다. 따라서 『사금파리 한 조각』이나 『연싸움』이 재현해낸 한국의 과거는 영어로 된 자료들에 근거한다. 영문학을 전공한 작가는 수많은 자료들을 읽고 논문을 쓰듯이 작품을 만들어내었다. 그런 만큼 이 두 작품은 도자기나 연에 대한 상세한 정보들을 담고 있으며 당시 사회의 일면을 정교하게 그려내고 있다. 이 작품들을 읽노라면 그동안 국내에서 발간된, 한국어와 한국의 역사에 익숙한 작가들이 쓴 아동문학 작품 중에 이만큼 잘 씌어진 작품이 있는가 하는 생각이 절로 든다. 그럼에도 불구하고 한국인 2세에 의해 씌어진 이 작품들에서 우리가 일종의 소외감을 느낄 수밖에 없는 것은 그것들이 근본적으로 미국 아이들을 위해서 씌어졌기 때문이다.

아마도 미국의 아이들을 직접 한국 문화의 맥락으로 끌고 들어갈 수는 없기 때문에, 그리고 작가 역시 한국 문화에 익숙해 있는 사람이 아니기 때문에 린다 수 박의 작품에는 참 설명이 많다. 가령 『사금파리 한 조각』은 이런 문장들로 시작된다.

"어이, 목이야! 오늘도 잘 굶었나?" 〔……〕 평소에 배불리 먹고 지내는 마을 사람들은 '아침 진지 잡수셨습니까?' 하고 공손히 인사를 나누지만, 목이와 두루미 아저씨는 약간 장난스레 말을 비틀어서 그런 인삿말을 주고받았다.

〔……〕 "두루미 아저씨! 지금은 저한테 그런 식으로 인사하셨지만, 좀 있으면 제대로 인사하게 될걸요!"

(『사금파리 한 조각』 1권, p. 14)

보릿고개를 지나면서 살아온 우리 민족에게 밥을 먹었는지가 중요한 안부가 된다는 것을 우리는 학교에서 배웠다. 하지만 그전에도 우리는 우리말 인사에 '밥'이 자주 등장한다는 것을 생활 속에서 자연스럽게 익힌다. 그런 우리들에게 위와 같은 설명은 좀 이상하다. 굳이 비교하자면, 우리가 외국 작품을 번역할 때 쓰는 '역주'와 닮은 이런 식의 '설명'들은 린다 수 박의 작품 도처에 퍼져 있다. 특히 『연싸움』에서는 연에 대한 것은 물론이고 아마도 미국인들에게는 신기하게 여겨질, 우리의 세배 풍속이나 서양과는 정반대인 식사 예절, 또 세기나 윷놀이 등등의 전통 놀이가 어떤 것인지에 대한 설명이 더욱 자주 등장한다. 이런 설명들은 거추장스러울 뿐만 아니라 문체의 밀도를 떨어뜨린다. 평범한 한국 독자라면 그냥 '느낄' 수 있는 것을 작가가 '이해'시키려고 지나친 친절을 베풀기 때문이다. 이 부분에서는 편집자와 역자의 태만함을 말해도 될 것 같다. 한국 독자들을 위해서 특별히 작가에게 수정을 요구할 수도 있었을 것이기 때문이다. 더욱이 미국은 번역 출판할 때 이런 식의 수정을 외국 작가에게 요구하는 데 특히 적극적인 나라로 알려져 있는데 말이다.

언어의 차이에서 오는 문제는 거기에서 그치지 않는다. 이 작품에서 또 아주 거슬리는 것은 대화문인데 말법이 완전히 서양식이기 때문이다. 위에서 인용한 "지금은 저한테 그런 식으로 인사하셨지만, 좀 있으면 제대로 인사하게 될걸요!"라는 목이의 말만 해도 벌써 그렇다. 우선, 우리 말법에 따르면 어른인 두루미 아저씨가 아이인 목이에게 '인사'하지 않는다. 아이가 하는 말에서 어른이 자기에게 인사한다고는 더더욱 하지 않는다. 그리고 지금은 이렇게 했지만 조금 있으면 저렇게 할 거라는 식의 논리적인 대구(對句)는 생략이 많은 우리 말법에는 상당히 어색하다. 또 잘 굶었냐는 식의 말 비틀기도 목이와 두루미 아저씨가 하루하루 끼니를 이어가기 어려운 사람들이라는 점을 감안하면 자연스러운 웃음을 일으키지 않는다. 이런 유의 서구식 말법에 의한 대구나 유머는 작품 도처에서 찾아볼 수 있다. 가령, 민영감 부인이 목이가 던진 바가지에 맞고서 "바가지가 내 머리에 얹히고 싶었나 보구먼. 날아다니는 바가지!"(1권, p.91)라고 말하는 것이나, 민영감 부인에게서 목이가 얻어온 밥을 보고 기뻐하며 두루미 아저씨가 "말랑말랑한 두부, 아삭아삭 씹히는 오이, 부드러운 두부, 톡 쏘는 오이. 그 부인은 예술가란 말야"(1권, p.93)라고 말하는 것, 또 얼레 살 돈을 구하지 못해 시무룩한 영섭에게 어머니가 "혹시 아느냐? 하늘에서 해결책이 떨어질지도…… 고개를 숙이고 다녀서는 그걸 놓칠 수도 있지!"(『연싸움』, p.50)라고 말하는 것 등등이 그렇다.

유머는 문화를 달리하면 참 이해되기 어려운 요소이다. 두루미 아저씨와 목이의 대화를 보면 상당히 유머러스하면서도 두 사람이 다 냉철한 사고를 한다는 것을 느낄 수 있다. 작품 속에 명확하게 밝혀져 있지는 않지만, 두루미 아저씨가 혹시 다리 밑으로 흘러들어오기 전 선비라거나 교양이 풍부한 양반 가문의 사람이었다 하더라도 그의 사고방식에는 몸 하나로 세상과 부대끼며 그날그날을 살아가는 거지 생활 십수년의 흔적이 전혀 보이지 않는다. 우리가 떠올릴 수 있는 이 땅의 거지들은 자기를 낮추는 데 익숙해 있다. 뿐만 아니다. 대부분 한국 사람들은 자기를 내세우기보다는 윗사람이나 남에게 자기를 맞추려고 하는 습관이 어느 정도 몸에 배어 있다. 이런 태도는 주어를 생략해도 말이 되는 우리말 구조와도 상관이 있는 것으로 보인다. '나는' 이라는

주어와 '생각한다'라는 동사를 맨 앞에 내세워야 말이 되는 서구
의 언어와는 달리, 우리말은 어떻게 보면 참으로 두루뭉술하고
애매한 경우가 많다. 그래서 그들 눈에는 우리가 자주적이지 못
한 것으로 보이지만 반대로 우리 눈에는 그들이 필요 이상으로
공격적으로 보인다. '나'를 내세우지 않는 것이 오히려 상대방에
대한 배려라는 것을, 이분법적인 사고를 하는 그들이 얼마나 읽
어낼 수 있을까? 하지만 우리로서는 때로 말을 분명하게 하지 않
음으로써 얼마나 많은 의미를 그 속에 담는가. 아마도 언어의 이
런 근본적인 차이 때문에, 『사금파리 한 조각』을 우리말로 읽으
면 마음에 와 닿지 않는 구석이 참 많다. 끊임없이 갈등하면서 이
분법적으로 사고하는 목이나, 대화하면서 추론하는 목이와 두루
미 아저씨의 습관 등은 서구식 학교 교육을 받은 우리에게 이해
되는 것이기는 해도 고려 시대를 배경으로 하는 인물들에게는 전
혀 자연스럽게 녹아들지 못한다.

　　자연스럽지 못하기는 이 작품들이 보여주는, 거의 관광용처
럼 보이는 몇몇 장면들도 마찬가지다. 『사금파리 한 조각』에서
목이가 민영감이 만든 도자기를 싸 짊어지고 왕실이 있는 송도까
지 가는 과정에 낙화암을 지나는 것은 내적인 필연에 의한 것이
라 보기 힘들고, 『연싸움』에 나오는 기섭이가 관례를 치르는 장
면, 또 설이 되면 연례적으로 있었다는 연싸움 대회 장면 등등은

보여주기 위한 풍속들 같다는 인상을 풍긴다. 그것은 마치 관광객들이 외국 여행을 하면서 관광지를 찾아다니는 것을 연상시키는데, 관광지라는 곳에 가면 매번 느끼는 것이지만 그것들은 모두 가짜이다. 유적이나 유물들이 과거의 모습을 그대로 지니고 있다고는 하지만, 그것들과 함께 과거 속에 살아 숨쉬던 모든 흔적들은 딱 멎어버린 지 이미 오래다. 그저 지독한 현재의 삶을 살 뿐인 사람들이 전시된 과거 속에 불편하게 끼여 있는 모습들이 눈앞의 풍경을 쉽게 거짓으로 만들어버린다. 작가의 내면화를 거치지 못하고 객관적인 시선으로 다만 '설명'되어 있을 뿐인 린다 수 박의 고려 시대(『사금파리 한 조각』)나 조선 시대(『연싸움』)는 미국 독자들의 이국 취미를 만족시킬 수는 있을지 모르지만 한국 독자들에게는 별다른 감흥을 일으키지 못한다. 아마도 많은 한국 독자들이 이런 점들 때문에 린다 수 박에게 실망했을 것이다. 그런데 사실, 이러한 점들은 오로지 한국인에게만 도드라져 보인다. 이 현상을 어떻게 받아들여야 할까?

　입장을 달리하면 모든 게 다르게 보인다. 목이나 두루미 아저씨 그리고 민영감이나 그 부인 역시 상당히 매력적인 인물이다. 그리고 '세계의 열두 가지 작은 기적' 중의 하나로 여겨졌다는 고려청자의 아름다움을 만들어내는 장인정신 역시 고려청자를 만들어내는 방법에 관한 자세한 지식에 근거한 생생한 이야기로 엮어져 있다. 게다가 시대적 정황이나 문화적 배경은 사소한 디테일에 이르기까지 상당히 정확해 보인다. 또한 이 작품은 "노동은 사람을 품위 있게 만들지만, 도둑질은 사람에게서 품위를 빼앗아가는 거야"(1권, p. 19)라든가 "손으로 만질 수 없는 걸 다른 사람한테서 가져오는 것도 도둑질일까요?"(1권, p. 136) 또, "목이야, 문을 닫아버린 바람이, 다른 문을 열어주기도 하는 거야"(2권, p. 35) 혹은 '자존심과 어리석음은 서로 비슷해 보일 때가 많아. 어찌 된 걸까?'(2권, p. 44)와 같은 크고작은 깨달음들로 점철되어 있다. 이런 유의 문장들은 경우에 따라 리얼리티가 떨어지는 도덕 교육처럼 보이기도 하지만 더 많은 경우에 삶에 대한 성찰을 보여주고 있다. 뿐만 아니라 도공이 되고자 하는 열망을 지닌 소년 목이가 기나긴 수련 과정을 거치는 이야기는 이 작품을 고전적인 의미의 성장 소설로 만들어놓았다. 이제 이 작품이 영어로, 미국 아이들을 위해서 씌어졌다는 점을 기억하자. 한국인인 우리들만이 느낄 수 있는 이런 불만들은 과연 이 작품의 완성도를 떨어뜨리고 있는 걸까? 문제일까?

우리는 지금 『사금파리 한 조각』의 뉴베리 상 수상을 다른 뉴베리 상 수상작들과는 비교가 안 될 만큼 의미 있게 받아들이고 있다. 그것은 린다 수 박이 한국에 뿌리를 둔 사람이기 때문이며 수상작이 우리 문화를 다루고 있다는 것 때문이다. 말을 바꾸면 우리는 조금은, 우리가 뉴베리 상을 받은 것처럼 생각하고 싶어하는 것이며 또한 한국 아동문학의 세계화가 한층 가깝게 다가왔다고 느끼는 것이다. 고무적인 일임에 틀림없지만 그건 사실, 일종의 흥분이기도 하다. 문제의 수상작을 다 읽고 난 지금 그 흥분을 가라앉히고 조용히 묻자. 과연 한국 아동문학은 세계 아동 문학의 대열에 어깨를 나란히할 만큼 착실한 성장을 하고 있는 것인지를, 또 언제부턴가 고정관념처럼 되어버린 '가장 한국적인 것이 가장 세계적'이란 믿음은 타당한지를. 지구촌 시대니, 세계 시민이니 하지만 한국인이 한국어로 쓴 작품은 한국인의 사고와 정서를 담을 수밖에 없다. 린다 수 박의 작품을 읽으면서 나는 한국인 작가가 쓴, 개성적인 문체 속에 자기 체험에서 우러나오는 삶에 대한 통찰을 담은 작품이야말로 가장 좋은 작품이며 한국적인 작품이고 동시에 가장 세계화될 가능성이 높은 작품이 아닐까 하는 생각을 떨칠 수 없었다. 그런 확신과 동시에 떠오르는 이 쓸쓸함이라니……